Conditions de l'éducation

DES MÊMES AUTEURS

Pour une philosophie politique de l'éducation : six questions d'aujourd'hui, Bayard, 2002.

Marie-Claude Blais, Marcel Gauchet,
Dominique Ottavi

Conditions de l'éducation

Stock

Les essais

Collection dirigée par
François Azouvi

ISBN 978-2-234-06179-8

Avant-propos

Ce livre propose un diagnostic : ce sont les conditions de possibilité mêmes de l'entreprise éducative qui se voient aujourd'hui remises en question par l'évolution de nos sociétés. Toute une série de données qui semblaient aller de soi et qui servaient de socle à l'institution scolaire ont été ébranlées, voire sont en passe de disparaître. Il ne s'agit pas de déplorer l'évanouissement d'un passé vers lequel aucun retour n'est imaginable ni souhaitable. Il s'agit de mettre en lumière l'impact d'une série de transformations majeures et de faire ressortir le défi qu'elles représentent. Ce n'est qu'à ce niveau qu'on peut véritablement comprendre les difficultés auxquelles l'éducation est en butte et prendre la mesure de la tâche de refondation qui est devant nous.

L'analyse se développe sur quatre fronts : les relations de l'école avec la famille, le sens des savoirs qu'elle dispense, l'autorité dont elle a besoin, sa place dans la société.

1. *La relation famille/école.* Il était tenu pour acquis que la famille et l'école tiraient dans la même direction et se partageaient les aspects d'une même tâche. Or cette alliance apparemment « naturelle » s'est rompue. Les

évolutions récentes de la famille la poussent à se décharger de son ancien rôle de socialisation sur l'école, tout en l'incitant à contester celle-ci et ses règles institutionnelles au nom de ses propres valeurs affectives. Ce divorce structurel à la fois surcharge et fragilise l'institution scolaire, en lui retirant l'un de ses piliers les plus indispensables.

2. *Le sens des savoirs.* S'il y avait au moins un appui qui semblait inébranlable, c'était la valeur intrinsèque des savoirs dispensés par l'école et l'évidence de la nécessité de les acquérir, le seul problème étant d'en faciliter l'accès. Or force est de constater que cette évidence s'est défaite. Elle était en réalité le produit d'une configuration historique dont les bases se sont effritées. La culture et la connaissance ont perdu la place qui était traditionnellement la leur dans l'idée de l'homme et dans les idéaux collectifs, et la fonction nouvelle qui leur est dévolue ne suscite pas la même appétence. Il ne suffit plus de « transmettre », quand les raisons d'apprendre sont le problème.

3. *La fonction de l'autorité.* Depuis qu'elle existe, la pédagogie avait l'imposition autoritaire pour ennemie. Elle a gagné. De ce point de vue, les trente dernières années représentent un aboutissement. À ceci près que la question de l'autorité se révèle plus compliquée que la dénonciation de ses abus ne le laissait croire de loin. On a confondu l'autoritarisme dans l'école, qu'il n'y a aucun lieu de regretter, avec l'autorité de l'école, dont elle ne peut se passer. Si le règne de l'obligation sans justification est heureusement révolu, l'exercice de l'éducation suppose l'appui d'une institution reconnue par la collectivité dans sa mission.

4. *L'articulation société/école.* Les sociétés modernes ont besoin d'éducation, c'est un de leurs traits distinctifs. Leur mode de fonctionnement exige une formation de leurs acteurs assurée par un appareil spécialisé, appareil dont l'importance n'a cessé de croître. Le problème est qu'en se séparant de la sorte, la préparation à la vie sociale a fini par perdre celle-ci de vue. Sa fonction s'est brouillée, dans une société où, par ailleurs, le travail est devenu à la fois invisible et abstrait, sous l'effet des transformations de l'économie et des changements de la ville. À quoi au juste prépare l'école ? Sa relation avec l'activité collective s'est obscurcie. Il en résulte une grande incertitude sur ce qu'il convient d'y faire. Plus largement, quel est le contenu réel de l'expérience quotidienne de l'enfant, dans le monde cloisonné où il évolue ? La sollicitude affichée pourrait cacher un appauvrissement peu propice à une dynamique éducative.

Est-ce à dire que l'éducation est en passe de devenir purement et simplement impossible ? Non, mais que ses conditions sont à réinventer de fond en comble. Sur chacun de ces fronts, il va falloir reconstruire, par la réflexion et la volonté collectives, les bases qui permettent son exercice. Ce n'est pas avec un catalogue de réformes de plus qu'on viendra à bout d'une entreprise de cette nature et de cette ampleur. On a assez vu, dans le domaine, de réponses hâtives à des questions mal posées. L'urgence est de réfléchir. Commençons par nous faire une idée aussi précise que possible des problèmes auxquels nous avons affaire, car c'est ce qui manque le plus. Ce livre n'a d'autre ambition que d'y contribuer.

Les contributions qui composent ce volume ont été élaborées dans le cadre d'un séminaire mené en commun à l'École des hautes études en sciences sociales, entre 2002 et 2006. Marie-Claude Blais s'est plus particulièrement chargée de la partie dédiée à la famille et de l'annexe concernant les enseignements scientifiques, Marcel Gauchet des parties regardant le sens des savoirs et l'autorité, Dominique Ottavi de la partie consacrée au rapport entre éducation et société. L'annexe relative à l'histoire des critiques de l'autorité a été écrite à trois mains. Pas plus que dans *Pour une philosophie politique de l'éducation*, nous n'avons cherché une vaine uniformisation des modes d'expression, mais nous assumons solidairement la responsabilité du propos.

Première partie

La famille contre l'éducation ?

Il est impossible de penser l'éducation hors du premier espace dans lequel l'enfant est conçu, accueilli et élevé : la famille. Cette espèce de « société naturelle », qui présente la particularité de conjuguer le biologique et le social, fut longtemps conçue comme la source et la base de toute communauté organisée. Ainsi, jusqu'au milieu du XIXe siècle, nombreux étaient ceux qui ne concevaient pas d'autre instance d'éducation que la famille. Celle-ci étant le support et l'origine du lien social, c'est à elle, comme l'écrivait par exemple en 1876 un disciple de Littré, qu'incombe l'éducation jusqu'à quatorze ans[1]. Mais les choses changent à partir du moment où l'organisation politique ne peut plus se concevoir comme le miroir élargi d'une famille subordonnée à un chef qui protège, interdit et autorise. La cellule familiale bascule dans le cadre des institutions de droit commun régies sur le mode du contrat entre individus libres et égaux, et il

1. Charles Robin, « Des rapports de l'Éducation avec l'Instruction », *in La Philosophie positive*, dirigée par Littré et Wybouroff, t. XVII, Paris, Germer Baillère, juillet-décembre 1876, p. 1-98.

ne fait plus de doute que la puissance publique doive jouer un rôle dans l'éducation de la jeunesse. L'État se trouve d'abord investi d'une fonction subsidiaire puisque, si les parents n'assument pas leurs tâches éducatives, c'est à la collectivité que revient la charge des enfants. Mais il a également la mission d'assurer, par l'école, la réalisation d'un projet collectif : liberté de chacun, cohésion et survie de la communauté. Il doit alors garantir, pour chaque nouveau venu, les conditions de son émancipation, tout en préparant, pour le groupe et pour les générations suivantes, un avenir meilleur.

Dès ce moment, se pose la question de la complémentarité ou de l'opposition entre les deux institutions, famille et école. Éducation pour l'une, instruction pour l'autre ? Une telle répartition, qui aurait le mérite d'être simple, ne résiste pas à la moindre analyse des composantes des deux actions. L'éducation, au double sens du terme – formation d'un sujet et socialisation – ne peut être séparée de la transmission des connaissances. La réciproque est vraie aussi : l'instruction fait partie de toute éducation. Par l'acquisition de la culture de son groupe, le sujet acquiert les moyens de sa liberté. Il semble alors plus logique d'affirmer que famille et école participent de concert à un projet commun. Car l'éducation dite domestique ou « privée », ne représente plus le moyen pour les familles d'assurer la continuité de leur propre lignée. L'enfant étant appelé à exercer des métiers divers et à vivre dans un monde plus vaste que celui de la famille, il faut lui fournir les clés de ce monde et le préparer à s'y mouvoir. Telle est la raison d'être de cette institution scolaire qui se veut située au-delà des intérêts privés et des appartenances particulières : laïque et nationale, ouverte à tous, elle vise l'universel. De ce point de vue, on pourrait penser que l'intérêt de la collectivité se concilie assez aisément avec le désir parental de donner à l'enfant les moyens de son émancipation. Il devrait y avoir, semble-t-il, concours et coordination des deux institutions, la famille constituant le pilier fondamental d'une éducation qui serait relayée et complétée par l'école. C'est l'évidence de cette harmonie, certes relative et laborieusement construite dans notre histoire (en particulier au travers de l'épineux problème de la « propriété » de l'enfant), que les évolutions actuelles de la famille nous forcent à interroger. L'analyse des transformations de la famille ainsi que l'examen des nouvelles configurations dans lesquelles les enfants sont élevés aujourd'hui sont des tâches indispensables si l'on veut comprendre les problèmes nouveaux posés à l'école. Ils devraient aussi permettre de faire quelques hypothèses, peut-être *a contrario*, sur les conditions qui rendent possible l'éducation.

De la connivence à la discorde

1. C'est désormais un lieu commun : depuis une trentaine d'années, la famille a profondément changé. Les spécialistes peuvent diverger sur la manière d'interpréter ce phénomène. Ils se rejoignent, toutefois, pour admettre qu'il s'agit d'une véritable rupture. Mais l'optimisme est généralement de mise en ce qui concerne les conséquences de cette transformation. La recomposition actuelle apparaît comme l'aboutissement de la dynamique d'émancipation et d'égalisation des individus. Aussi paraît-elle porteuse, au total, de promesses d'un bonheur supplémentaire, au-delà des difficultés qu'elle engendre. Les enquêtes internationales montrent que la

famille est aujourd'hui la valeur la plus prisée aux yeux des jeunes. Nous assistons en effet à la consécration de l'idéal d'épanouissement de l'enfant dans le cadre d'une famille non-répressive.

2. Dans le même temps, cependant, l'éducation scolaire est devenue de plus en plus problématique. Les phénomènes de rejet de l'école (absentéisme, « phobie scolaire », stigmatisation des bons élèves...) prennent des proportions inquiétantes. De plus, l'école élémentaire ne parvient pas à accomplir, pour presque un quart des élèves, sa mission de transmission des connaissances de base. On sait que ses enseignants doivent passer beaucoup de temps à obtenir le respect des règles de la vie collective et à établir les conditions nécessaires à l'étude. L'école est désormais tenue de se charger de l'essentiel des tâches de socialisation « primaire » qui incombaient traditionnellement à la famille : contrôle de soi, incorporation des normes et des codes, reconnaissance d'autrui. Certes, le phénomène n'est pas nouveau. À l'époque du Second Empire, où la fréquentation des lycées était réservée à une petite élite issue de la bourgeoisie, les rapports d'inspection ne manquaient pas de déplorer les défaillances de la prime éducation familiale[1]. La complainte contre

1. « La molle éducation que reçoivent les enfants dans la maison paternelle, la tendresse aveugle des mères qui ne savent ni réprimer leurs défauts naissants, ni assouplir et soumettre leur volonté, qui affaiblissent et annulent à peu près l'autorité du père, en excusant toutes leurs fautes, disposent mal ces enfants à se plier aux exigences de la discipline des lycées. » Rapport de l'inspecteur de l'académie du Loiret, enquête de Victor Duruy de 1864, citée dans Annie Tschirhart, *Quand l'État discipline l'école. Une histoire des formes disciplinaires. Entre rupture et filiation*, Paris, L'Harmattan, 2005, p. 296.

« l'enfant gâté » des familles riches, réfractaire aux exigences de la discipline, était récurrente. Mais ce qui est neuf, c'est qu'aujourd'hui le phénomène touche toutes les catégories sociales, et peut-être davantage les plus défavorisées. De nombreux parents, tous milieux confondus, s'avouent démunis et demandent à l'école de socialiser les enfants. Ainsi, principe de réalité oblige, l'éducation à la « civilité » devient une mission prioritaire de l'école.

3. C'est précisément en ce qui concerne les missions de l'école publique que semble disparaître la connivence laborieusement établie, au début de la scolarité obligatoire, entre la famille et l'institution scolaire. Quelles sont au juste les finalités de l'école ? Y a-t-il une différence entre l'éducation familiale et l'éducation publique (entendons par là l'institution qui prend en charge socialement l'éducation des enfants, c'est-à-dire l'école, qu'elle soit privée ou publique) ? Il semble bien que sur ce point les cartes soient désormais brouillées. Les parents d'aujourd'hui, pourtant très concernés par la réussite scolaire de leurs enfants, coopèrent difficilement avec l'école et ne semblent pas adhérer à son projet. Leur attitude est le plus souvent défensive, inquiète ou revendicative. L'incompréhension réciproque confine parfois à la discorde. Les études se multiplient sur le sujet[1]. Dans tous les pays, les propositions abondent, d'une part sur les moyens de faciliter l'implication des parents dans l'école, d'autre part sur les modalités possibles d'une formation

1. Voir par exemple « Les parents et l'école », lettre d'information de l'INRP, n° 22, novembre 2006, http://www.inrp.fr/vst/LettreVST/novembre2006.htm.

des parents qui prend le curieux nom de « reparentalisation ». Toutes réserves gardées sur le bien-fondé de ces propositions, l'important est le constat unanime qui suscite ces travaux : la visée des familles ne semble plus correspondre aux finalités de la scolarisation.

Une enquête réalisée en France par TNS-Sofres et publiée en janvier 2004 illustre fort bien ce désaccord. Il s'agit d'une enquête qualitative réunissant des panels de parents d'élèves et d'enseignants du primaire et du secondaire. À la question : « Qu'est-ce que l'école idéale ? », les participants répondent d'abord que c'est une école ouverte sur la société et sur les métiers. Mais c'est aussi une école sans pressions : celles-ci sont déclarées incompatibles avec l'épanouissement des élèves et leur statut d'enfant. On leur « vole l'insouciance de leur enfance ». On vole également aux parents leur tranquillité. Les parents disent souhaiter préserver la vie familiale de la pression quotidienne venant de l'école. Les devoirs, source de contrainte et de stress, représentent, disent-ils, un empiètement illégitime sur la cellule familiale. L'école actuelle est perçue essentiellement comme une contrainte exercée sur l'élève et sur la vie familiale, sans aucune anticipation d'un retour positif pour ce qui est actuellement subi. En revanche, l'école idéale doit permettre « l'apprentissage du bonheur dans le bonheur ». On voudrait qu'elle soit un espace affectif qui procure bien-être, sérénité et amour. Elle devrait en outre s'adapter à chaque enfant dans sa singularité et ses spécificités et « personnaliser l'enseignement qu'elle dispense ». Il faut noter que beaucoup de jeunes enseignants partagent aujourd'hui la vision des familles. Sans nier l'importance des apprentissages scolaires, ils disent vouloir avant tout « aider l'enfant à devenir soi-même ».

En résumé, l'école idéale est celle qui réparerait les dysfonctionnements de la société et serait apte à fournir et garantir le plaisir, l'épanouissement, le bien-être pour tous dans le respect de l'individualité de chacun.

Il est clair que la demande adressée à l'institution scolaire s'accroît et se diversifie : enseigner, mais aussi socialiser, réparer les maux de la société, lutter contre les inégalités, épanouir les enfants. En regard de cela, comment ne pas s'interroger sur la façon dont les familles conçoivent leur propre responsabilité éducative ? Dans ce domaine, les études sont rares. Elles sont le plus souvent assez normatives, et destinées à former à la parentalité : comment être de « bons parents », capables de fournir des repères à ses enfants tout en assurant une présence chaleureuse ? Elles se traduisent dans une foule de mesures destinées à accroître la coopération entre les familles et l'école et à impliquer les parents dans la vie scolaire de leurs enfants. Il semble bien que le problème ait des racines plus profondes, qui ont quelque chose à voir avec la relation entre la famille et ce qui l'entoure, à savoir le monde des institutions. L'une de ces études, récente, nous vient des États-Unis et recèle quelques indices éclairants[1]. Justement, elle récuse l'idée qu'il y aurait de bons et de mauvais parents, plus ou moins intéressés à la vie de leurs enfants, plus ou moins présents affectivement, plus ou moins conscients de leur responsabilité. Ce qui ferait la différence, semble-t-il, c'est l'articulation entre la famille et l'ensemble de la société adulte.

L'auteur, en bonne sociologue, cherche à saisir la cause des inégalités de réussite scolaire en Amérique, et

1. Annette Lareau, *Unequal Childhoods. Class, Race, and Family Life*, Berkeley, University of California Press, 2003.

ceci en référence aux « styles éducatifs » (*parenting styles*) des familles. À partir d'une analyse comparative des styles d'éducation parentale selon le milieu social (*working class* ou *upper-middle class*), elle constate que, dans les milieux favorisés, les parents ne renoncent pas à certaines exigences qui paraissent pourtant ridicules au plus grand nombre. Pour le dire en une phrase, ces parents préparent leurs enfants à naviguer dans le monde des institutions organisées et dans le monde des adultes. Et cela se fait au prix d'un encadrement serré et d'une pression de tous les instants, à tel point que ces enfants, dit l'auteur, semblent plus vieux à dix ans que leurs camarades des classes populaires. Dans ces foyers, la paix n'existe pas : les conflits concernant les devoirs scolaires peuvent être titanesques ; les parents entraînent leurs enfants dans de multiples activités, font des efforts pour leur apporter des occasions d'apprentissage. L'éducation n'est pas autoritaire pour autant. La négociation est de mise, et l'autorité s'exerce avec subtilité. Comme les autres, ces parents tiennent compte des désirs de l'enfant, mais ils passent beaucoup de temps dans des joutes verbales, n'opposant jamais une autorité frontale, mais influençant habilement les décisions de leur progéniture. Les enfants semblent moins détendus, mais ils apprennent ainsi à parler avec des adultes, à « les regarder dans les yeux », à se comporter selon les codes de la société adulte. On peut constater qu'ils réussissent mieux à l'école et qu'ils ont moins de problèmes dans leur parcours professionnel ultérieur.

L'intérêt de cette étude est qu'elle rompt avec le dogme de la connivence entre famille et école en termes de capital culturel partagé. Il n'est pas nécessaire de connaître Racine ou le théorème de Thalès pour être capable de signifier à ses enfants l'intérêt d'apprendre, et pour faire exister à leurs yeux le monde social dans lequel ils se préparent à entrer. Les parents de faible niveau d'instruction peuvent se comporter ainsi avec leurs enfants. Or si tous les parents sont intéressés au bonheur de leurs enfants, peu d'entre eux conçoivent celui-ci dans son lien avec une insertion dans une société traversée par des règles et des codes. L'étude fait apparaître que les familles pauvres semblent plus tributaires d'une culture de masse, qui privilégie le bonheur présent et dévalorise le monde adulte et ses institutions. Il est vrai qu'aujourd'hui les entreprises médiatiques ciblées sur les jeunes privilégient le contact entre pairs et ringardisent la communication avec les adultes[1]. Les institutions, quand elles ne sont pas ridiculisées (police, école), sont largement absentes (par exemple le monde de l'entreprise) : il ne s'agit pas d'un « déclin » des institutions, mais d'un déni de leur existence, déni dont l'étude montre qu'il a de lourds effets sur l'éducation. Il apparaît que les familles populaires opposent moins de résistance que les autres à cette culture diffusée par la publicité et largement relayée par les médias. On sait d'ailleurs que c'est dans ces familles que l'équipement des chambres d'enfants en matériel télévisuel est le plus répandu[2]. Il y a là une source d'inégalité sociale face à l'école qui reste à explorer. Mais ce qui nous importe ici est le paramètre éducatif mis en évidence : la

1. Voir par exemple une récente campagne de publicité de Canal J, qui montre des enfants manifestant un profond ennui auprès de leurs parents ou grands-parents. Il s'agit évidemment de leur vanter les charmes de la chaîne.

2. 14 % des enfants d'origine favorisée possèdent un téléviseur personnel, contre 52 % de ceux qui sont issus de milieux populaires.

réussite à l'école est corrélée à l'importance accordée par les familles aux institutions sociales.

4. Un autre élément nouveau relève de la question du genre. On constate, dans l'école d'aujourd'hui, des difficultés spécifiques aux jeunes garçons : le décrochage scolaire et les comportements d'échec ou de rejet de l'école sont majoritairement masculins. Le phénomène est assez frappant pour qu'au Québec, par exemple, le gouvernement ait jugé utile d'introduire dans les écoles des modèles traditionnellement masculins (police, armée) auxquels les garçons pourraient s'identifier. Cette dissymétrie de la réussite scolaire selon le sexe peut sembler étonnante dans une société ou filles et garçons sont désormais éduqués ensemble, et où la différence des genres tend à s'estomper. Pourquoi les garçons ont-ils plus de mal avec l'école, abstraction faite d'une éventuelle différence dans les rythmes de maturation psychique et physiologique ? Dans leur rapport aux apprentissages scolaires, les garçons pâtissent-ils d'une éducation familiale apparemment sexuellement indifférenciée, mais en réalité très souvent assurée par les femmes (dans les familles monoparentales ou lors des nombreuses séparations qui voient les pères disparaître de la vie de leurs enfants) ? Féminisation qui se poursuit d'ailleurs à l'école élémentaire, dont le corps enseignant est massivement féminin. L'absence des pères aurait-elle des effets sur la capacité des fils à se projeter dans leur futur statut d'adulte ? Pourquoi les filles, dont la prétendue « docilité » – interprétation simpliste et naturaliste sous des couverts « constructivistes »[1] –

1. Voir sur ce point les ouvrages de Christian Baudelot et Roger

reste à prouver, comprennent-elles mieux l'intérêt d'apprendre… et réussissent davantage à l'école ?

Ces quelques constats, parmi tant d'autres possibles, conduisent à s'interroger sur les incidences des transformations de la famille sur le domaine éducatif. Ces transformations seraient-elles pour quelque chose dans les difficultés rencontrées dans l'éducation scolaire ? Il se pourrait bien que les changements dans la famille se traduisent par la disparition d'un rôle que nous tenions pour acquis et qui n'allait aucunement de soi, en réalité. Ne sommes-nous pas témoins de l'ébranlement d'un pilier non officiel, mais décisif, de l'entreprise éducative ? Auquel cas nous tiendrions là l'une des sources cachées des difficultés de l'institution scolaire aujourd'hui. Précisons qu'il ne s'agit aucunement d'imputer aux nouvelles configurations familiales toutes les difficultés que rencontre l'école, et encore moins de déplorer la perte d'un modèle disparu. L'intention est au contraire de mettre à profit l'étude de ces changements pour tenter de cerner ce sans quoi l'éducation, tâche réputée difficile, pourrait devenir carrément impossible.

Pour analyser ces transformations de la famille, nous nous appuierons sur une étude d'un sociologue québécois, Daniel Dagenais, étude qui présente le grand mérite de relier les deux problématiques, celle de l'école et celle de la famille[1].

Establet : *Allez les filles ! Une Révolution silencieuse* (Paris, Le Seuil, 1998) et *Quoi de neuf chez les filles ? Entre stéréotypes et libertés* (Paris, Nathan, 2007). On attend impatiemment un *Quoi de neuf chez les garçons ?*

1. Daniel Dagenais, *La Fin de la famille moderne. La signification des transformations contemporaines de la famille*, Rennes, Presses universitaires de Rennes, 2000.

Mutations de la famille, mutations du rapport à l'enfant

Les études sociologiques sur les transformations de la famille sont nombreuses, mais peu d'entre elles s'interrogent sur le changement du rapport à l'enfant qu'elles entraînent. L'originalité du livre de Daniel Dagenais est au contraire de placer la question de l'enfant et de l'éducation au centre de la question de la famille. À partir de l'hypothèse selon laquelle la famille moderne inaugure un souci éducatif inédit à l'égard de l'enfant, et se caractérise essentiellement par sa visée socialisatrice et éducative, le sociologue s'attache à analyser tout le système de relations qui la constituent, pour tenter de comprendre comment la transformation de ces relations atteint en plein cœur sa capacité à éduquer, ou à instituer les enfants.

Il redonne tout son relief à un aspect oublié de la thèse fameuse de Philippe Ariès[1]. La naissance du sentiment de l'enfance ne se réduit pas à la découverte de sa différence ; elle est inséparable du développement d'un souci éducatif au sein de la famille moderne. Ne serait-ce pas cette visée éducative qui est aujourd'hui mise à mal, avec les éléments constitutifs d'un modèle élaboré au cours de cinq longs siècles (XVe-XXe), avec un moment d'apogée entre la fin du XIXe siècle et les années 1970 ? Auquel cas les conséquences de ces transformations contemporaines seraient incalculables. Nous nous trouverions devant une rupture historique et anthropologique engageant les conditions mêmes qui ont soutenu jusqu'à présent le déploiement de l'éducation moderne. Cette interprétation pose de

1. Philippe Ariès, *L'Enfant et la vie familiale sous l'Ancien Régime,* Paris, Plon, 1960.

front un problème essentiel. Elle permet de mieux cerner le problème lui-même, à savoir la déconnexion, à la faveur des mutations que connaît la famille aujourd'hui, de ces termes qui ont été longtemps inséparables, l'enfant et l'éducation.

Pour comprendre ces mutations, l'auteur construit une sorte d'idéal-type du « concept moderne de famille », en faisant l'hypothèse que les changements contemporains ne peuvent être compris qu'à la condition de se donner une idée claire de la réalité socio-historique qu'ils modifient. Pour saisir les transformations actuelles de la famille, il faut reconstruire d'abord le modèle qu'elles remplacent, en le différenciant aussi rigoureusement du modèle antérieur qu'il a lui-même renversé. La famille moderne présente trois caractéristiques qui la différencient de la famille traditionnelle, et dont nous pouvons analyser les incidences sur l'éducation des enfants :

1. L'unité familiale, autrefois fermée, s'articule de façon serrée avec la société qui l'entoure ;

2. Le lien conjugal, jadis contraint, se construit désormais sur l'amour entre deux êtres assumant leur différence sexuelle ;

3. Le rapport éducatif, conçu auparavant comme imprégnation des usages et savoir-faire adultes, devient un acte méthodique et réfléchi d'émancipation des individus.

Ce système de traits, dont le développement s'est confondu avec l'installation de la « société des individus », est proprement ce qui disparaît aujourd'hui. Ce sont les conséquences pour l'éducation de cet effacement que nous tenterons d'élucider.

Une famille coupée de la société

Il y a une articulation typiquement moderne entre la famille et la société. La sortie de la tradition a produit une sorte de dédoublement de l'existence en séparant deux espaces, le privé et le public. Mais ces deux espaces clairement différenciés ne peuvent exister que l'un par l'autre, l'un pour l'autre. On peut dire que la famille moderne se constitue en espace privé justement pour permettre à ses membres d'en sortir, et de trouver une place dans un collectif plus large. *Elle est un privé en vue du public.*

Dégageons le principe du processus. Dans les sociétés traditionnelles, dites « holistes », les relations économiques, qu'il s'agisse de l'agriculture, de l'artisanat ou du commerce, constituaient le ciment de la vie familiale. Les nouveaux venus étaient intégrés dans un ordre stable, dans un univers hiérarchisé d'où ils n'avaient pas vocation à s'échapper. À partir du moment où la société bourgeoise reporte à l'extérieur de l'unité domestique les activités de production, et où la vie collective commence à être gouvernée par cette instance supérieure et tendanciellement égalisatrice qu'est l'État moderne, la famille se reconstitue sur un autre mode. Elle devient, contre l'abstraction des rapports économiques et politiques, le foyer des relations intimes et personnelles. Le nouvel idéal d'humanité enjoint à chacun de se regarder non plus comme un être d'appartenance à une lignée mais comme « un parmi d'autres », interchangeable avec n'importe quel autre. C'est cet être universel, abstrait, qui est requis par les activités de production et par la vie civique.

Cette société qui pose un idéal d'*homme universel* accompagne ce processus d'abstraction par l'affirmation de la subjectivité, autrement dit par l'individualisation du rapport au monde. Cette double mutation n'est pas sans conséquences sur la famille. Pour que chaque sujet soit en mesure de devenir un être universel, il lui faut trouver un espace où son individualité concrète puisse se construire et être reconnue. C'est cette dynamique qui transforme la famille-souche en famille nucléaire. En d'autres termes, lorsque l'idéal émancipateur de la modernité s'est affirmé dans l'égalisation abstraite et juridique des individus, il a trouvé ses conditions de possibilité subjectives dans la sphère familiale. La famille moderne offre à ses membres un espace de vie où le sujet est reconnu dans son individualité concrète.

Ainsi s'opère une distinction entre la sphère publique et la sphère privée. L'idéal normatif d'humanité, qui oblige à reconnaître des êtres juridiquement libres et égaux, va tendre à se réaliser au dehors, dans la vie économique et dans la vie politique. Les individualités concrètes, elles, sexuées, primitivement dépendantes, avides d'amour et de reconnaissance, se construisent dans l'espace privé de la famille. Mais cette distinction s'accompagne d'une articulation serrée. Les deux sphères, privée et publique, sont étroitement connectées, et ceci pour deux raisons. La première tient au fait que le privé ne prend son sens que relativement à l'autre versant, le versant public de l'existence. C'est parce que les êtres sont destinés à se comporter au dehors abstraitement, en tant qu'hommes en général, que la famille constitue désormais un espace d'intimité et d'expression de la subjectivité. La famille se privatise parce qu'elle vise la sortie de ses membres au dehors d'elle-même. L'individu, reconnu dans sa singularité, doit être préparé à entrer dans la vie collective. Dans le même temps – seconde raison –, la famille devient un élément clé du bon fonctionnement de la collectivité. Les nécessités de la production comme celles de la vie politique sont telles que la collectivité ne peut plus se désintéresser ni de l'éducation des enfants ni de la manière dont s'exerce l'autorité au sein de la famille. En témoigne le Code civil de 1801, qui établit clairement l'existence de deux niveaux d'autorité : il consacre l'autorité du père et du mari, mais il la subordonne à celle de l'État. Ainsi la dimension publique, avec ses droits, devoirs et interdits, s'introduit-elle dans la sphère privée.

L'idée qui se dégage de cette approche historique est la suivante : la famille moderne s'est constituée en tant que famille nucléaire non pas sous la forme d'un repli sur la sphère privée, mais dans une articulation étroite avec le monde économique et politique, et à la faveur de cette articulation. Cette articulation est effectivement cruciale pour l'éducation. Même s'il ne s'agit que d'un modèle, sa formulation permet d'éclairer les difficultés présentes.

Comment ne pas voir, en effet, que la séparation, et *a fortiori* l'articulation, entre différents niveaux d'appartenance est devenue aujourd'hui difficilement concevable, tant public et privé se confondent et se superposent ? Relevons deux aspects particulièrement significatifs du phénomène.

Pour qu'il y ait articulation, il faut d'abord qu'il y ait distinction. Or depuis une trentaine d'années, la frontière entre privé et public s'est largement obscurcie. D'un côté, le public s'introduit dans les espaces privés. Toutes les communautés de vie sont saisies par l'abstraction du droit ; les normes et rôles que la modernité recueillait de la nature biologique ou de la coutume et qui étaient assumés subjectivement, à l'abri de l'organisation politique, sont mis en question au nom de la rationalisation des relations. La puissance publique s'immisce dans les familles au travers des lois sur la protection de l'enfance et des règlements d'hygiène. D'un autre côté, le privé prend position sur la place publique. La quête d'individualisation, hier assumée par la famille, justement parce que au dehors il fallait se comporter en individu abstrait, s'étend désormais à toutes les sphères de la vie collective. Les moindres recoins de l'intimité et des relations interpersonnelles s'exhibent dans les médias. La société civile tend à se constituer à partir du regroupement de particularités revendiquées au grand jour : orientations sexuelles, origines ethniques, croyances religieuses, appartenances régionales. À cette confusion entre la vie privée et l'espace public, il faut ajouter une difficulté apparue récemment dans la sphère professionnelle. Tandis que la société industrielle présuppose des individus « flexibles », autonomes et libres d'obéir aux exigences du marché, les entreprises elles-mêmes sont amenées à prendre en compte, par exemple lors de transferts d'activité, les intérêts des couples et des familles.

Tout ceci contribue à rendre peu perceptible la frontière entre les deux sphères de l'existence. Cet effacement produit ses effets jusque dans l'école. Cette dernière a certes toujours occupé une position très particulière, à la charnière du privé et du public : en tant qu'enfant, l'élève demande en effet à être considéré dans sa singularité, au regard de ses besoins et de son développement propres ; mais il rencontre déjà, progressivement, l'impersonnalité des relations collectives et l'objectivité des savoirs transmis. L'appréhension de cette distinction entre la vie privée et la vie publique, entre le particulier et le général, est si peu évidente qu'on en faisait, à la naissance de l'institution scolaire, l'une des fonctions explicitement assignées à l'éducation. C'est à l'école qu'on apprenait à connaître la diversité de ses appartenances et à les hiérarchiser[1]. Or aujourd'hui, la dimension publique et institutionnelle de l'école est devenue chose étrange et inacceptable. Enfants et parents eux-mêmes contestent cette impersonnalité pourtant modérée. Il n'est pas rare que, lors de ces réunions où les enseignants expliquent aux parents les programmes, les méthodes et les exigences de la scolarité, ces derniers manifestent leur impatience d'entendre parler de « leur » enfant et réclament le respect de leur « singularité ».

Par ailleurs, la relation entre la famille et la sphère politique s'est profondément modifiée. La mise en place de l'État providence n'est pas sans conséquences sur la disparition de la visée collective de l'éducation familiale. L'État prend désormais en charge l'instruction, mais aussi l'éducation globale : soins, santé, subsistance matérielle, loisirs. Il assure ainsi aux familles une certaine sécurité qui, bien qu'encore imparfaite, représente un réel progrès. Mais il modifie également la représentation que les familles peuvent se faire de leur propre rôle. Nos « démocraties providentielles », en assumant désormais une bonne part des charges matérielles et éducatives autrefois dévolues aux familles, contribuent à masquer aux yeux des parents la destination de l'éducation vers le

1. Voir par exemple Charles Renouvier, *Petit traité de morale à l'usage des écoles primaires laïques* [1875], Lyon, INRP, 2003, p. 33-34 : « Il faut se garder de comparer l'État à une famille… »

dehors et vers le futur. Comme le note Antoine Prost avec justesse, dans des sociétés de pénurie, la famille était « le lieu privilégié du premier apprentissage des nécessités de la vie sociale : le travail, l'obéissance, l'endurance[1] ». Les familles de la société d'abondance – qui n'en reste pas moins une société travaillée par la peur de l'avenir – se concentrent sur la visée du bonheur actuel de chacun de leurs membres. Cela n'est pas sans impact sur les attentes des uns et des autres à l'égard de l'école. Il semble bien que les parents souhaitent avant toute chose que l'école assure au présent le bien-être des enfants, et qu'elle ne trouble pas la quiétude familiale. Ils en arrivent à « oublier » la nécessité de l'acquisition d'une culture sans laquelle ni l'émancipation des enfants, ni l'indépendance de la société future ne peuvent pourtant se concevoir. La rupture avec la vie collective à laquelle la famille était censée préparer l'enfant semble consommée.

La famille reste le lieu des relations affectives et personnelles, mais, déconnectée de ce qui faisait à la fois son fondement et sa destination, elle fonctionne plutôt comme un rempart contre la vie publique. La relation à l'enfant se transforme : l'égalisation démocratique fait de ces êtres semblables et pourtant différents des sujets de droits. L'enfant entre désormais dans un rapport d'égal à égal avec ses parents. En apprenant que tout est négociable, il appréhende une humanité sans passé et sans règles préétablies. Il ne s'agit pas, contrairement à ce que soutient un sociologue comme Anthony Giddens, d'un simple prolongement de la modernité démocratique,

1. Antoine Prost, *Éducation, société et politiques. Une histoire de l'enseignement de 1945 à nos jours*, Paris, Le Seuil, 1997, p. 26.

d'une sorte de « démocratisation de l'intimité ». La thèse est séduisante, mais elle ne rend pas compte du dédoublement qu'opérait la modernité entre l'espace privé et l'espace public. Le public, c'est d'abord ce qui est commun à des êtres – égaux à ce titre – capables de se diriger selon la raison, abstraction faite de leurs différences. Mais c'est aussi ce qui est *institué* par ces mêmes êtres pour organiser la vie commune. La dimension d'institution est inséparable de la vie publique. Celle-ci est impensable en termes d'*indépendance* radicale des individus, mais elle fait fond au contraire sur l'*autonomie*, c'est-à-dire l'aptitude à se conduire selon des règles librement acceptées. C'est précisément cette tension entre la singularité personnelle et une certaine idée de l'homme universel, principalement défini par la raison, qui était clairement assumée par l'humanisme dans sa version moderne, au moins depuis le XVIIIe siècle. Tocqueville avait bien noté qu'elle portait en germe, non pas la démocratisation de toutes les sphères de la vie personnelle, mais plutôt l'exacerbation du souci de soi et le déni du collectif et de l'histoire ; en d'autres termes la négation de la démocratie. Il nous faudra peut-être ajouter : la négation de l'éducation. Car un enfant conçu pour « être lui-même » indépendamment d'une communauté qui le précède et le dépasse, un être dont l'autonomie n'est pas à conquérir, mais dont l'indépendance est postulée dès la naissance, a sûrement toujours besoin de soins et de protection, mais pas d'éducation.

C'est aujourd'hui toute l'organisation sociale du passage de l'enfance à l'âge adulte qu'il nous faut repenser, si nous voulons préserver la possibilité d'éduquer. On le voit bien, ce n'est pas, en tout cas pas seulement, en introduisant à l'école l'apprentissage du « vivre-ensemble » ou encore « l'éducation à la civilité » que nous rétablirons quelque chose qui s'apparenterait à ce que Dewey ou Durkheim appelaient la *fonction collective* de l'éducation. Toute une série de séparations et de relations qui structuraient la vie humaine, et *a fortiori* l'éducation, sont à élaborer de manière nouvelle.

Il nous faut maintenant remonter à la source de cette articulation moderne entre famille et vie publique. C'est en effet dans la nature même du *lien conjugal* moderne que nous pourrons cerner ce qui poussait la famille à concevoir l'enfant comme être destiné à entrer dans un univers qui la dépasse.

L'enfant pivot de la famille

Le mariage moderne n'est plus un mariage arrangé, il est une histoire d'amour. Et cet amour s'objective dans un projet où, comme le dit le démographe Louis Roussel[1], il se fait histoire. L'alliance entre un homme et une femme résulte d'une relation amoureuse qui va s'objectiver dans l'enfant. Il faut mesurer l'importance capitale de cette transformation de la relation conjugale : désormais, à chaque génération, les couples construisent de nouvelles communautés de vie. Le mariage d'amour témoigne d'une mutation psychique importante. Alors que le sujet traditionnel, intégré dans un monde objectif qui lui assignait une identité et un genre, se voyait comme l'incarnation d'un archétype plus général, l'individu moderne doit se construire subjectivement et personnaliser son rapport

1. Louis Roussel, *La Famille incertaine*, Paris, Odile Jacob, 1989.

au monde. Pour cela, il a besoin d'être confirmé dans la conscience de sa singularité. De cette quête de reconnaissance dans la relation amoureuse, naît une prise de conscience majeure : chacun réalise que son identité propre provient de la relation à l'autre.

Mais l'essentiel est ailleurs. La famille conjugale moderne, en articulant le biologique et l'électif, prend la forme d'une association à la fois naturelle, volontaire et institutionnelle. De ce fait, elle constitue pour ses membres une introduction à un ensemble de rôles et de normes assumés subjectivement, autrement dit elle prépare les enfants à entrer dans un univers institué. Car l'amour moderne, reconnaissance des subjectivités, est également une mise en commun des genres. Il assume, comme l'élément fondamental de l'identité des êtres, la différence des sexes. C'est parce qu'il y a incomplétude sexuelle et désir que les deux êtres sont portés l'un vers l'autre. Ils se demandent l'un à l'autre la reconnaissance de leur identité sexuée. Chacun accepte son genre pour l'autre, joue son rôle d'homme ou de femme pour satisfaire le désir de l'autre. La relation amoureuse se transcende dans une nouvelle entité, le *nous* que produit la relation. En passant du *je* et du *tu* au *nous*, l'amour crée une autre forme de vie, une vie en commun. Car il ne se satisfait pas d'une reconnaissance narcissique, pas plus qu'il ne recherche l'intensité immédiate des satisfactions qu'il procure. Il tend à s'objectiver dans un « monde commun personnalisé », selon l'expression de Niklas Luhmann[1]. Il y a une « vocation mondaine » de l'amour romantique : les amants, bien loin de se sauver du monde

1. Niklas Luhmann, *Amour comme passion. De la codification de l'intimité*, Paris, Aubier, 1993.

avec leur amour, construisent un « projet de monde ». Ce projet, le plus souvent, se concrétise dans l'enfant. La relation des amants tend à se prolonger dans un être vivant qui leur survivra. Comme le dit Hannah Arendt : « Avec la conception et la naissance, les parents n'ont pas seulement donné la vie à leurs enfants ; ils les ont en même temps introduits dans un monde. En les éduquant, ils assument la responsabilité de la vie et du développement de l'enfant, mais aussi celle de la continuité du monde.[1] » Plus simplement, disons que le lien conjugal moderne, en s'objectivant dans l'enfant, assurait la stabilisation du couple et son orientation vers l'avenir. Cet engagement dans la durée, assumant sa part dans la continuité de l'espèce, objectivant la différence des sexes, faisait de la famille une institution collective. C'est en son sein que l'enfant pouvait appréhender la différenciation sexuelle et la succession des générations. Ces repères institutionnels avaient en outre une haute portée symbolique. Ils permettaient à l'enfant de se concevoir comme un relais dans la chaîne des générations, comme un être destiné à se diriger vers les autres et vers la vie publique.

Il n'est pas inutile de s'interroger sur les effets de l'effacement de ces repères institutionnels et symboliques dans la famille contemporaine. Car aujourd'hui, ce n'est plus le couple qui fonde la famille, c'est l'arrivée de l'enfant. L'enfant constitue le pivot de la famille, et les parents tentent de se maintenir autour de lui. Le principe d'indissolubilité glisse de la conjugalité à la filiation. Le lien d'engendrement devient la seule garantie de continuité et de stabilité de la famille. Le lien

1. Hannah Arendt, « La crise de l'éducation », *in La Crise de la culture* [1954], Paris, Gallimard, 1972, p. 238.

amoureux, lui, constitue les couples dans des arrangements divers et mobiles. Il requiert l'authenticité du sentiment et l'intensité de la passion. Chacun s'attache à garder son indépendance, dans une relation qui fait l'objet de négociations rationnelles – partage des tâches domestiques, non-cohabitation, décision d'enfanter ou de ne pas le faire –, un rapport de personne à personne où chacun se conserve dans sa séparation et qui n'est pas destiné à donner un *nous.* On pourrait penser que, dans cette légèreté de l'union, les hommes et les femmes ont acquis un degré de liberté supplémentaire. Il semble bien cependant qu'ils n'y trouvent pas cette reconnaissance réciproque et cette objectivation du lien susceptibles de donner à chacun l'assurance de soi, si l'on en juge par la quête éperdue de satisfaction affective qui se manifeste par exemple dans le désir d'enfant.

L'amour conjugal moderne impliquait la stabilité du lien. C'est aussi la dimension institutionnelle qu'avait acquise malgré tout la famille, dans son intégration-subordination à un ensemble plus vaste, qui assurait son établissement dans la durée. Toujours est-il que le revers de l'effacement de l'institution, c'est l'insécurité et l'immaturité des personnes, qui ont besoin d'enfant pour leur propre équilibre affectif. Mais c'est surtout la transformation de ce que peut signifier *mettre au monde* un enfant. Qu'est-ce donc que « le monde », si ce n'est l'ensemble représenté par la culture d'une société et ses institutions ? Comment, si les parents n'intègrent pas l'enfant dans une réalité instituée qui lui préexiste et qui dure, peuvent-ils lui transmettre ce qui lui permettra de créer lui-même son histoire[1] ? Quand la famille aban-

1. Selon la loi, les parents assument conjointement leur responsabilité

donne sa « vocation mondaine », quand rien dans le projet des parents n'indique à l'enfant sa destination vers un avenir social, il devient difficile pour celui-ci d'entrer dans un projet d'émancipation et d'imaginer faire un jour sa place dans un collectif.

L'extinction de cette destinée à la fois familiale et collective de la relation amoureuse au profit de la recherche d'authenticité affective et de maîtrise rationnelle du « monde vécu » ne condamne aucunement la famille, bien au contraire. La fragilisation des liens s'accompagne d'un surinvestissement de ces mêmes liens. La famille est toujours prisée, non plus en tant que « projet de monde », mais, au travers de ses multiples recompositions, pour les satisfactions qu'elle procure à ses membres, et comme rempart contre l'aspect public de l'existence. Famille refuge, dont on s'étonne que les enfants devenus adultes ne s'échappent pas... À l'amour conjugal s'est substitué l'amour de l'enfant, un amour qui vise le bonheur au présent, et tend à reléguer dans l'ombre les multiples contraintes qui permettraient pourtant à l'enfant de devenir un jour capable de vivre et de penser par lui-même. Vivre sans avoir besoin de la tutelle d'autrui : voilà ce que l'on appelait naguère « l'émancipation ».

Une famille épanouissante

L'émancipation de l'enfant constitue la visée première de la famille moderne, et cela la distingue nettement de la famille traditionnelle. Celle-ci intégrait bien l'enfant dans

---

parentale. En réalité, on sait que de nombreux enfants perdent tout contact avec l'un de leurs parents en cas de divorce ou de séparation.

un collectif, mais elle le faisait en considérant le « petit homme » comme un être défini par sa condition sociale. L'éducation consistait alors à inscrire l'enfant dans la continuité d'une lignée en lui transmettant le patrimoine familial. Au rebours de cela, la famille moderne se réalise vraiment lorsque ceux qu'elle a nourris et aimés rompent avec elle. L'élément nouveau et capital, c'est qu'elle doit prendre en compte la possibilité d'un *avenir autre* pour l'enfant, en dehors de la famille. Elle doit former des êtres qui lui échapperont en sortant de sa tutelle. Ce souci formateur, éducatif et moralisateur à l'égard de l'enfant est une donnée fondatrice de la modernité. Souci constant de l'enfance, soit pour réformer un être dont on se méfie absolument (Luther et Calvin), soit pour former aux Lumières de la raison un être naturellement bon et tout à fait malléable (Rousseau ou les humanistes).

Il importe de saisir à quel point la sortie des sociétés de tradition transforme la conception éducative de la famille. La famille devient le premier vecteur de l'émancipation des individus. C'est à elle qu'il revient d'armer l'enfant pour le futur. Il lui faudra à la fois faire d'un être immature une personne autonome, et faire d'un individu concret et singulier un être capable de se comporter en *personne universelle*. La première dimension va de pair avec une conception non-native de la liberté et de l'autonomie. L'autonomie n'est pas donnée à la naissance, elle doit se forger par l'éducation, avec l'aide des adultes. La seconde dimension tient à l'universalisation et à la mobilité des conditions. Destiné à entrer à sa majorité dans le monde professionnel et dans la vie politique, l'enfant doit apprendre à s'abstraire de ses particularités et à se placer au point de vue du collectif. Avec le « souci de l'enfant », s'introduit un rapport éducatif tout à fait nouveau. On se préoccupe d'éduquer les enfants de manière à la fois individualisante et universalisante, et cela va passer par tout un ensemble constitué de normes, de rôles et de scolarisation méthodique. Il n'est pas inutile de rappeler les modalités de ce processus si l'on veut mettre en lumière ce qui a changé.

1. L'éducation moderne ne se conçoit pas sans l'incorporation de normes. C'est un point qui a été largement relevé, le plus souvent pour en dénoncer la composante d'inculcation autoritaire. L'une des données fondatrices de la modernité est le souci moralisateur à l'égard de l'enfant. Qu'il soit considéré comme un être encore privé de raison ou comme un être initialement mauvais, l'enfant doit apprendre à se conduire selon des règles. L'éducation corporelle et l'éducation morale, comme le montrent les traités de civilité puérile qui fleurissent au XVIIe siècle, visent à faire adopter à l'enfant des normes de comportement. L'enfant apprend ainsi les usages de son rang et de son monde, mais il intériorise surtout un certain type de rapport pédagogique à l'égard de lui-même, le rapport normatif – un être humain s'applique à lui-même des règles – que ses parents et ses maîtres ont à son endroit. Il comprend alors que devenir un *individu* comporte une dimension de travail sur soi. Ce qui fait qu'un être est « un » et « même » dans le temps et à travers la diversité de ses actes et des groupes dans lesquels il évolue, c'est sa capacité à se diriger et à se conduire en conscience. Ceci doit faire l'objet d'un apprentissage dont la famille est la première responsable.

2. Les parents sont ainsi amenés à jouer des rôles complémentaires. La famille moderne inaugure la tenue

conjointe du rôle parental, et redéfinit, à des fins éducatives, les *rôles* paternel et maternel. En même temps que de « découverte de l'enfance » à l'époque moderne, il faut aussi parler de «découverte de la parentalité ». Car il y a une solidarité parentale proprement moderne entre une mère proche de l'enfant et un père figure d'autorité. À la fin du XIXe siècle, la psychanalyse a donné sa formulation théorique à cette dualité des rôles parentaux. Ce moment est crucial. L'œuvre de Freud, en dégageant les deux principes fondateurs du psychisme, plaisir et réalité, met en évidence les deux pôles également nécessaires dans l'éducation, le pôle de l'amour, qui veut le bien-être de l'enfant, et le pôle des interdits, qui introduit au sens de la loi. Dans les années 1950, le sociologue Talcott Parsons a prolongé l'hypothèse freudienne par une analyse systémique et fonctionnelle des relations familiales, en insistant sur l'importance de la différenciation sexuée des « rôles » parentaux – « instrumental » et tourné vers l'extérieur pour le père, « expressif » et affectueux pour la mère[1]. Les rôles de père et de mère ne constituent pas pour autant l'identité des personnes mais, assumés existentiellement par les personnes qui les portent, ils mettent en relief le fait que les mêmes individus participent à de nombreuses sphères de la vie sociale. Chacun a de multiples rôles, et nul n'est assigné, de l'extérieur, à un unique rôle.

3. Un troisième pôle du processus d'individualisation-socialisation est assuré par la scolarisation, qui se met en place à partir du XVIIe siècle. À partir du moment ou

1. Talcott Parsons and Robert F. Bales, *Family, Socialization and Interaction Process*, New York, Free Press, 1955.

l'enfant est bien distingué de l'adulte, il devient un être à part qu'il convient de penser à part et de former en tenant compte de son développement propre. Il n'est plus possible d'en rester à l'apprentissage traditionnel par imitation ou imprégnation. Le nouveau « souci de l'enfant » va s'accompagner d'une scolarisation méthodique. La *Ratio studiorum* publiée en 1599 par les Jésuites donne le coup d'envoi de ce qui va devenir la base de l'éducation moderne : une véritable pédagogie rationnelle, qui suppose d'une part de se préoccuper de l'élève réel, d'autre part de concevoir méthodiquement et progressivement les connaissances qui doivent lui être enseignées et la manière de les transmettre. L'étape suivante, celle qui, deux siècles après, conçoit et institue l'instruction publique, correspond à la dynamique du projet démocratique. La dimension sociale et historique arrive au premier plan et l'on en vient à considérer l'éducation comme un enjeu fondamental pour la collectivité. C'est à partir d'elle que se constituera le monde futur. L'école fera de l'enfant un citoyen apte à participer au gouvernement commun d'un peuple libre. La composante d'abstraction et d'universalisation, inhérente aux savoirs à acquérir, participe de la formation de ces êtres désormais condamnés à prendre en charge leur destin et à participer à l'œuvre collective. Ainsi, à travers toute une série de régulations mises en place par la famille et par l'école, les deux institutions participent de concert à l'émancipation de chacun et au progrès de la collectivité.

Cette époque est définitivement révolue. Nous avons aujourd'hui rompu délibérément avec cet univers de normes et de rôles. Les normes sont perçues comme un frein opposé à la liberté de l'enfant. On veut celui-ci autonome, sans toutefois appréhender la dimension de maîtrise de soi qu'implique cette autonomie. Les rôles disparaissent également, sous le double effet de l'égalisation des individus et de la valorisation de l'authenticité. Il n'y a plus que des personnes singulières. La dynamique de l'égalité des sexes tout autant que la réalité de l'inscription des femmes dans la vie professionnelle rendent caduque la répartition sexuée proposée par Freud ou Parsons. Hommes et femmes sont désormais affranchis des cadres préétablis (« le producteur et la ménagère ») et refusent le rabattement générique des rôles parentaux pour ce qu'il signifiait d'inégalité et de dépendance de la femme. L'assignation à des rôles, forcément arbitraires, est perçue comme un enfermement inacceptable, et c'est une grande conquête de l'individualisme. Mais fallait-il pour autant dénier la part de «jeu» que les rôles supposent et autorisent, et les repères qu'ils peuvent fournir à un psychisme en construction ? Car rien n'empêche que chacun des rôles soit joué indifféremment par le père ou par la mère, ou même par un seul d'entre eux. En revanche, si toute « construction sociale » est présumée porteuse de domination, c'est la société tout entière qui vacille

La disparition des régulations qui orientaient les individus et donnaient une signification à leur vie en commun laisse place à un désarroi manifeste. Il ne faut pas, par exemple, sous-estimer un point qui concerne les hommes, et dont les effets sont sensibles dans l'institution scolaire. Les symptômes de la fragilisation de l'identité masculine sont aujourd'hui amplement médiatisés : difficultés scolaires, délinquance et conduites suicidaires sont massivement le fait des jeunes garçons. Or le masculin était par excellence porteur de l'idéal moderne d'humanité. Celui-ci est attaqué, avec les valeurs qui le caractérisaient : la compétition qui permet d'affronter le caractère agonistique de la vie sociale, le déni de sensibilité qui met en mesure d'agir sans attendre de reconnaissance concrète, l'estime de la vie publique davantage que celle de la vie personnelle… Ces dimensions sont attaquées comme masculines alors qu'elles étaient avant tout individualistes. Comment ne pas faire le lien entre cette apparente « crise de la masculinité » (dont l'analyse reste à faire) et l'écart qui se creuse aujourd'hui entre la réussite des garçons et celle des filles ? Il faudra sans doute se pencher sur la signification et les effets de cette déconstruction des valeurs réputées masculines à laquelle nous assistons. Elle révèle peut-être, à sa manière, le déclin de cet individualisme typique de la modernité, qui cherchait à composer, dans un équilibre sans doute précaire, la dimension subjective de l'humanité avec un nécessaire oubli de soi au service du collectif.

Mais le point le plus important concerne la scolarisation. Le lien autrefois établi entre la famille et l'école se trouve aujourd'hui considérablement affecté. Les parents, soucieux avant tout du bien-être de leurs enfants, semblent abandonner pour eux le projet d'émancipation. La famille considère l'enfant comme un sujet, mais sans lui donner les clés de son indépendance future, et elle le scolarise en vue de son épanouissement. Il semble bien que, lorsque la fonction régulatrice de l'institution familiale vient à manquer, la complémentarité entre la famille et l'école devienne improbable. La compréhension de cette rupture entre les deux institutions est, nous semble-t-il, l'apport majeur de cette histoire de la famille. L'obligation de se soumettre à plus haut que soi, la capacité de surmonter les frustrations, autrefois apprises dans la famille, disparaissent aujourd'hui de la première expérience de l'enfant. Le choc est grand pour celui-ci lorsqu'il entre à l'école et rencontre à la fois les règles de la vie collective et cet univers de normes que constituent les apprentissages. Ayant acquis dans la famille la conviction que tout peut être négocié, l'enfant est conduit à considérer toute norme imposée comme arbitraire, voire absurde. Beaucoup de parents, de leur côté, ne voient plus dans l'acquisition des connaissances que la difficulté et le « stress » qui lui sont associés. Cela ne facilite pas l'entrée dans une culture qui, qu'on le veuille ou non, s'impose à chacun d'entre nous. L'école et l'ensemble de la société subissent le contrecoup de ce rejet sur l'extérieur de la fonction éducative et normative de la famille. Ce sont les parents eux-mêmes qui, n'étant pas dépourvus de bon sens et percevant bien que quelque chose manque à leurs enfants, demandent davantage d'institution, d'étayage éducatif, parfois même de prise en charge psychiatrique. La contradiction est de taille : d'un côté, on ne veut pas d'institution, de l'autre on en demande. Elle nous conduira nécessairement à une réflexion de fond, dont nous nous proposons d'ébaucher quelques éléments.

Car si nous prenons la mesure des changements qui se sont opérés dans la famille, ce n'est pas seulement pour éviter de les subir. Ce pourrait être aussi pour y voir plus clair dans les conditions de possibilité de l'éducation, en ce qui concerne les rôles respectifs de la famille et de l'école.

l'animal[1]. Rousseau, en pointant l'historicité de l'humanité dans sa double dimension, individuelle et collective, dégageait le ressort de toute éducation : l'homme est cet animal qui se détache du règne de la nature, fait son histoire, transforme son rapport avec le monde et avec ses semblables. Cette condition historique est la conséquence de l'aptitude de l'homme à la liberté, entendue comme « capacité d'acquiescer ou de résister ». Mais l'on tend de nos jours à oublier deux composantes de la notion. La première est qu'elle caractérise l'espèce autant que l'individu. La seconde est qu'elle signifie d'abord que la liberté en puissance n'est pas effective dès la naissance. C'est par l'éducation et la vie collective que le petit d'homme passe de l'état de nature à la liberté.

On perçoit ici le caractère paradoxal de l'expression antique vulgarisée par Nietzsche et si mal interprétée aujourd'hui : « Deviens ce que tu es », ne signifie pas « être soi-même », comme le veut l'idéal contemporain d'autonomie et d'authenticité, qui gomme l'aspect dynamique de la formule. Elle indique au contraire que la véritable liberté, qui n'est pas la liberté animale d'obéir à ses pulsions, fait l'objet d'un apprentissage. C'est même, sans doute, le premier des apprentissages, celui que vise avant tout l'éducation. La liberté n'est pas donnée, elle suppose un travail, une progressive maîtrise de soi dont les parents sont les guides et les initiateurs. La difficulté est de taille, on en

1. « Cette faculté qui, à l'aide des circonstances, développe successivement toutes les autres, et réside parmi nous, tant dans l'espèce que dans l'individu, au lieu qu'un animal est, au bout de quelques mois, ce qu'il sera toute sa vie, et son espèce, au bout de mille ans, ce qu'elle était la première année de ces mille ans. » Jean-Jacques Rousseau, *Discours sur l'origine et les fondements de l'inégalité parmi les hommes* [1755], *in Œuvres complètes,* Paris, Gallimard, « Bibliothèque de la Pléiade », t. III, p. 142.

conviendra. Le problème fut magistralement exposé par Kant : comment unir, dans l'éducation, la contrainte nécessaire et la liberté ? Comment, sous prétexte de protection, ne pas enfermer les « mineurs » dans une attitude de soumission et une incapacité définitive à se diriger par eux-mêmes ? Certes il faut bannir le dressage, mais il est difficile d'envisager une quelconque éducation hors de toute limite opposée à l'impétuosité des désirs. Sans un effort permanent pour concilier contrainte et liberté, et ceci de manière très précoce, on risque bien de passer à côté de l'objectif si souvent énoncé aujourd'hui, et au demeurant primordial, d'épanouissement de l'enfant.

La liberté s'acquiert par l'éducation. Ce qui vérifie, si besoin est, cette conviction de Rousseau et de Kant, c'est la simple observation des tout-petits, à travers l'importance qu'ils accordent spontanément au regard de l'adulte présent à leurs côtés[1]. Avant d'entreprendre une action à risques, l'enfant sollicite le regard de l'adulte, et, à travers ce regard, une *autorisation.* Autorisation recherchée par l'enfant, indispensable à sa liberté d'action, et qui nous entraîne bien loin de l'autorité abusive si justement décriée. Au contraire, cette autorité faite de sollicitude et de présence bienveillante est source de liberté. Elle permet à l'enfant de s'approprier les contraintes du monde dans lequel il lui faudra vivre, de les maîtriser et d'y résister éventuellement. C'est ce que relevait le grand pédagogue Célestin Freinet, quand il insistait sur le rôle de la famille comme « recours-barrière » sur lequel l'enfant, parce qu'il est faible et dépendant de son milieu, peut s'appuyer pour

1. Voir Daniel Marcelli, *L'Enfant, chef de la famille : l'autorité de l'infantile*, Paris, LGF, 2006.

tester sa puissance d'agir[1]. Il ajoutait d'ailleurs que les barrières sont essentiellement mobiles, car adaptées à l'âge de l'enfant et aux difficultés du chemin.

Mais le point le plus important est peut-être le suivant : cette autorité en vue de la liberté est ce qui permet à l'être humain d'accéder à l'*autonomie*, entendue comme la capacité de se conduire selon ses propres règles. L'autorité des parents conduit l'enfant à intérioriser un certain type de rapport à lui-même, précisément le rapport à la règle. Elle permet la naissance d'un « sentiment » assez énigmatique mais dont on se demande comment on a pu en négliger l'importance dans une éducation démocratique : le sentiment d'obligation. Qu'il s'agisse d'obéir au devoir, ou d'obéir à la voix de sa conscience, ou encore d'obéir à la loi, toute vie morale et *a fortiori* toute vie démocratique enveloppent la notion d'impératif, justement parce qu'elles reposent sur la liberté humaine. On n'ose plus parler aujourd'hui de devoir ou d'obligation, à tel point que la notion de *loi* semble avoir perdu toute signification aux yeux des jeunes, comme le montrent certaines enquêtes sur « les lycéens et la démocratie ». Si la loi n'est plus perçue par les adolescents autrement que comme une restriction abusive à leur liberté, ce n'est sans doute pas qu'ils ont manqué d'éducation civique. C'est peut-être que la notion d'obligation leur est devenue

1. Célestin Freinet, *Essai de psychologie sensible* [1945], *in Œuvres pédagogiques*, Paris, Le Seuil, 1999, t. I, p. 420. Freinet remarque qu'à son époque le « recours » a pris le pas sur la « barrière », avec l'humanisation de la famille : « La famille reste bien un recours, mais parfois trop complaisant. Il lui arrive de faillir totalement à son rôle naturel aussi de barrière. C'est aujourd'hui l'enfant qui, plus ou moins, tend à affirmer son autorité inconsciente et maladive, à imposer ses volontés et ses fantaisies. Nous sommes au siècle de l'enfant gâté, et cela est grave. » *Ibid.*, p. 421.

totalement étrangère. Rares sont les études qui s'interrogent sur la nature exacte de ce « sentiment » et sur les conditions de son émergence chez l'homme. Il faut revenir aux travaux d'un psychologue du début du XXe siècle, Pierre Bovet, pour trouver une analyse de cette notion cruciale, analyse qui a fortement inspiré un savant peu réputé pour son autoritarisme, Jean Piaget.

D'où peut donc provenir l'idée de « devoir » ? s'interroge Pierre Bovet dans un long article intitulé « Les conditions de l'obligation de conscience[1] », dans lequel il fait part de son insatisfaction face aux réponses formelles données par Kant, aussi bien qu'à l'égard des approches sociologiques de Lévy-Bruhl ou de Durkheim qui expliquent l'idée de devoir par l'intériorisation d'une pression extérieure à l'individu (la coutume, la norme sociale, l'imitation). Si le sujet a le sentiment du devoir, ce n'est pas, dit Bovet, qu'il accède de l'intérieur, par sa raison, à la nécessité de la loi universelle, pas non plus parce qu'il est entraîné par une représentation idéomotrice venue du dehors, « c'est tout simplement parce qu'à l'origine [l'acte] a été prescrit par une ou plusieurs personnes qui avaient sur lui de l'autorité ou du prestige »[2]. Il y aurait, à l'origine du sentiment de l'obligation, le respect des consignes données par des personnes en qui l'on a confiance. Et ces personnes que l'on respecte au moment de l'entrée dans la vie, ce sont en premier lieu les parents.

Il faut noter que, si l'amour de la liberté nous a rendu aveugles à l'obligation en tant que composante de toute

1. Pierre Bovet, « Les conditions de l'obligation de conscience », *L'Année psychologique*, vol. 18, 1911, p. 55-120.
2. *Ibid.*, p. 98.

autonomie, nous faisons grand cas aujourd'hui, en revanche, d'une autre dimension de la relation entre des personnes égales en dignité, celle de *respect*[1]. Le respect est, de manière surprenante, devenu l'impératif absolu, *la* norme d'un monde qui refuse les normes. Mais cette notion n'est pas mieux élucidée que la précédente. Or, la conviction de Bovet est que le respect pour les personnes est lui aussi un sentiment, mais un sentiment primitif, antérieur à celui du devoir, justement parce qu'il en est la source. L'enfant a besoin d'aimer et d'être aimé ; il se sent faible et veut être protégé. *Amor* et *timor*, telles sont les deux caractéristiques de la constitution morale du tout-petit. Le respect est ce sentiment mixte composé simultanément de l'affection et de la crainte, que le petit enfant éprouve pour ses parents et pour l'adulte en général. Il se constitue primitivement, dit-il, par la *confiance* en l'adulte. Autrement dit, la façon dont s'établissent, chez l'individu, les rapports de personne à personne conditionne tout le système des obligations.

Jean Piaget ne tardera pas à faire son miel de cette généalogie du respect. Car non seulement elle corrobore ses observations concernant le jugement moral des enfants, mais elle lui donne la clé de cette difficile conciliation, dans l'éducation, entre la contrainte nécessaire et la liberté visée.

Ce qui a intrigué ce perspicace observateur des jeux d'enfants, c'est la coexistence de deux types de respect chez l'enfant, de deux types de règles, en un mot de deux morales apparemment opposées : une morale du devoir,

1. Voir le dernier opus présidentiel destiné aux enseignants : « Le respect, justement, ce devrait être le fondement de toute éducation. [...] Je souhaite que nous construisions une éducation du respect, une école du respect. » Nicolas Sarkozy, *Lettre aux éducateurs*, septembre 2007, p. 11.

résultant de la pression adulte sur l'enfant, et donc essentiellement hétéronome, et une morale du bien, plus intérieure à la conscience et dont l'idéal de réciprocité tend à devenir entièrement autonome. Le très jeune enfant respecte les adultes et les aînés, et un peu plus tard, lorsqu'il évolue dans sa classe d'âge, il respecte ses pairs. La première forme de respect peut être qualifiée d'unilatérale, en ce qu'elle implique une inégalité entre celui qui respecte et celui qui est respecté : plus grand, plus fort, plus expérimenté, plus savant. C'est le respect du petit pour le grand, de l'enfant pour l'adulte, du cadet pour l'aîné. Ce respect entraîne une contrainte inévitable du supérieur sur l'inférieur. Il caractérise une première forme de rapport social, *le rapport de contrainte*. L'autre type de respect, le respect mutuel, apparaît lorsque l'enfant découvre, à travers le contact avec ses pairs, l'idée de réciprocité : les individus qui se considèrent comme égaux se respectent réciproquement. Ce respect-là n'implique aucune contrainte et caractérise un second type de rapport social : le *rapport de coopération*. Deux morales coexistent donc chez l'enfant. Le passage de l'une à l'autre est le fruit d'un développement interne, mais il doit également s'appuyer sur l'éducation. Le travail de décentration, ou de sortie de l'égocentrisme primitif, consistera pour l'enfant à se dégager de cette étape de respect unilatéral. Cela ne se fera pas tout seul. C'est ici qu'intervient la « vie sociale », ou la coopération entre pairs que l'école a pour mission de favoriser. Encore faut-il que, dans la famille, l'enfant ait acquis la première forme de respect. Car ce respect primitif fournit les bases de la notion *d'obligation*. Il en donne la conscience : « Il suffit que les êtres respectés donnent à celui qui les respecte des ordres et surtout des consignes, pour que celles-ci soient senties comme obligatoires et engendrent ainsi le sentiment du devoir. La première morale de l'enfant est celle de l'obéissance et le premier critère du bien et du mal est longtemps, pour les petits, la volonté des parents. »[1] C'est sur la base de cette hétéronomie initiale que pourra s'édifier l'autonomie de l'adulte.

Piaget souligne cependant une immense difficulté qu'il est intéressant de rappeler si l'on veut saisir l'ampleur du renversement de situation en moins d'un siècle. Tout en insistant, à la suite de Bovet, sur le caractère fondateur et indispensable du premier type de respect pour toute éducation morale et intellectuelle – pas de vie morale sans obligation, pas de connaissance sans respect des règles, pas d'organisation démocratique sans lois –, Piaget manifeste sa perplexité. On peut craindre en effet, dit-il, que l'enfant en arrive à croire au caractère sacré de la règle, à la transcendance de la tradition, à l'origine divine des institutions. Ne restera-t-il pas toute sa vie pétrifié par ce premier type d'autorité qui porte à la *soumission et au conformisme*? Pour opérer le délicat passage de la première forme de respect à la seconde, Piaget compte sur le développement spontané et sur l'école. Nous sommes désormais à mille lieux de cette difficulté. Le refus de toute transcendance a sonné le glas de l'autorité hiérarchique et de la puissance paternelle. Le risque est faible de voir ces enfants élevés dans une grande liberté développer une personnalité soumise. Et pourtant, malgré cette « libération des enfants », le conformisme des adolescents est aujourd'hui une réalité, bien éloignée de cette coopération constructive entre pairs que le psychologue appelait de ses vœux. Il leur a peut-être manqué, justement, cette phase d'intériorisation de la règle qui leur

1. Jean Piaget, *Six études de psychologie,* Paris, Denoël, 1964, p. 55.

permettrait, grâce à leur force personnelle, de résister à la pression du groupe.

Abstraction faite du parti pris évolutionniste de Piaget, et sans forcément partager sa foi dans les vertus de la coopération entre pairs (foi déjà ébranlée à son époque même par d'autres observateurs qui ne manquaient pas de remarquer la pression tyrannique de la « solidarité enfantine[1] »), il reste que l'intérêt d'une telle analyse est de faire apparaître une condition fondamentale de toute éducation : l'indispensable confiance en l'adulte, au début de la vie. Dans cette perspective, c'est toute la question de l'autorité en éducation qui est à repenser. Une autorité, qui, sans être transcendante, assume la différence de l'enfant et prend en compte ses capacités propres, en particulier ses capacités logique et éthique, pour reprendre le vocabulaire de la théorie de la médiation[2]. L'enfant reconnaît l'autorité de l'aîné et l'accepte, dans la mesure où il est lui-même considéré comme un être de raison.

Mais la limite de cette analyse interne au développement psychique d'un individu, c'est qu'elle s'intéresse peu aux conditions sociales de l'établissement de cette confiance. Amour et protection ne suffisent pas. La confiance éprouvée par l'enfant repose également sur la représentation collective de ce qu'est un adulte, et donc au crédit accordé par l'entourage à ce qui structure socialement les identités et qui constitue l'humanité : la différence des générations et la différence des sexes, deux dimensions fondatrices dont on ne peut négliger l'importance.

1. Voir Roger Cousinet, « La solidarité enfantine », *Revue philosophique*, t. LXVI, 1908, p. 281-300.
2. Cf. Jean-Claude Quentel, « Penser la différence de l'enfant », *Le Débat*, n° 132, novembre-décembre 2004.

Qu'est-ce qu'un adulte ?

Contrairement à une idée fort répandue, l'éducation ne consiste pas à aider un enfant à « devenir soi-même », mais à devenir adulte. Qu'est-ce donc qu'un adulte ? Telle est la lancinante question qui préoccupe les plus grands[1], mais aussi les tout-petits dès qu'ils accèdent au langage. Ils se sont déjà depuis longtemps affrontés à des interdits au motif qu'ils ne sont pas encore « grands » et que, de ce fait, ils doivent obéir aux « adultes ». Comment répondre à cette vertigineuse question autrement qu'en énumérant tous les grands de l'entourage ? Et pourtant, si la réponse est malaisée, la question est fondamentale, puisqu'elle signale la prise de conscience d'une distinction anthropologique essentielle, la différence des générations.

La plupart des sociétés ont institué, pour faciliter cette prise de conscience, des rites de passage, dans lesquels les rituels religieux tenaient magnifiquement leur rôle. Ceux-ci ont disparu, ainsi que les scansions sociales qui devaient s'y substituer : l'entrée à la grande école (âge de raison), au collège (puberté) ainsi que l'accès à la majorité légale et civique, ont perdu tout poids symbolique. C'est plus que jamais à la famille que revient le rôle de concrétiser l'image de la différence des générations. Dans ce moment d'entrée dans la vie où l'enfant découvre l'existence d'autrui et la précédence des règles, les parents sont les premiers adultes rencontrés. Ils apportent à l'enfant sécurité et tendresse, mais aussi l'image la plus concrète de ce statut d'adulte vers lequel conduit l'éducation. Si les mots

1. On pense par exemple aux embarras de Piaget pour délimiter la période de l'enfance au début de *La Psychologie de l'enfant*, Paris, PUF, « Que sais-je ? », 1966.

manquent pour le définir, il reste le modèle vivant. Ce que tend à oublier une société fascinée par la jeunesse, c'est que le désir profond de l'enfant est de devenir grand, et que pour cela, il a besoin de se confronter à des représentations de cet état d'adulte auquel il se destine.

Face à l'affaiblissement des structurations symboliques des âges de la vie, le rôle des parents se trouve amplifié. Êtres éduqués capables d'éduquer à leur tour, ils restent les seules incarnations vivantes du statut d'adulte : des personnes autonomes et responsables de leurs actes. C'est à travers eux que l'enfant accède au langage, et qu'il est introduit à la nécessité de l'échange. Par leur travail et leur vie sociale, ils montrent en outre à l'enfant qu'un individu ne réalise son identité que dans sa relation avec la société qui l'entoure. Ils ne constituent pas un petit monde à eux seuls, ils appartiennent à une communauté instituée qui comporte des obligations et des codes, et ils sont solidaires du bien-être de cette communauté.

Ainsi, les modèles du père et de la mère, homme et femme engagés dans une société dont ils respectent les règles et qu'ils contribuent à améliorer, initient le petit être à des *rôles* différenciés, sans doute toujours à reformuler, mais qui constituent, en un sens étymologique que l'on a tendance à oublier, le premier sens de la « personne ». *Persona,* le masque en latin, « présence, en filigrane, d'un patron originel et d'un modèle fondateur qui sont établis dans l'imaginaire[1] », autrement dit ce qui permet à l'acteur d'imiter tout en se tenant à distance. Ce que dit l'origine de ce mot dans lequel on ne lit désormais que la dignité absolue de chaque être, c'est

1. Robert Abirached, *La Crise du personnage dans le théâtre moderne,* Paris, Gallimard, 1994, p. 19.

que toute personne, ou *personnage*, existe comme acteur dans un théâtre qui le dépasse et qui lui donne, à lui et aux autres personnages qui lui sont indissociablement liés, une place – une identité.

Et cette identité est sexuée. Les études récentes concernant les genres remarquent la permanence des « stéréotypes sexués » en matière de goûts, de loisirs et d'orientation professionnelle, tout en constatant un relatif affranchissement par rapport à ces codes[1]. Sans tomber dans un essentialisme naïf, on peut se demander s'il s'agit vraiment de « constructions sociales ». On le sait, la toute première interrogation des enfants concerne leur identité sexuelle. Suis-je une fille ou un garçon ? Qu'est-ce qui me distingue des enfants de l'autre sexe ? L'identité sexuée est tellement constitutive du sujet humain que l'on se demande comment la mixité d'éducation abolirait ce que certains persistent à voir comme des stéréotypes, et qui tient pourtant à la conscience vive et très tôt ressentie d'une différence physiologique et biologique essentielle. Que cette différence entraîne des comportements et des aspirations propres à chaque sexe, il est possible de l'expliquer sans faire appel au poids des représentations sociales. En revanche, on peut se demander comment cette identité sexuée peut se construire en l'absence d'une représentation positive et attractive de son propre sexe, représentation que l'enfant d'ailleurs ne manquera pas d'aller chercher, s'il ne la trouve pas chez ses parents, dans la mythologie, dans la bande dessinée ou les images publicitaires. C'est pourquoi il importe aux enfants des

1. Cf. Christian Baudelot et Roger Establet, *Quoi de neuf chez les filles ? Entre stéréotypes et libertés*, *op. cit.* et Henri Eckert et Sylvia Faure, *Les Jeunes et l'agencement des sexes*, Paris, La Dispute, 2007.

deux sexes que leurs parents assument leur différence sexuelle et la complémentarité de leurs rôles dans l'éducation. Est-il besoin de réactiver la vulgate lacanienne du père séparateur pour faire comprendre aux candidats à la procréation que, pour que leurs garçons et leurs filles acceptent leur identité sexuée, les deux pôles de l'humanité, naguère associés aux valeurs du masculin et du féminin, doivent être représentés aux yeux des enfants ?

Or, sans nier les inégalités qui touchent encore les femmes en matière professionnelle ou domestique, force est de constater une certaine fragilisation de l'identité masculine à l'intérieur des nouvelles configurations familiales. Les jeunes garçons peinent à trouver leur place. Le sexe qui fut dit « dominant » semble davantage pâtir non pas socialement, mais en matière d'identité psychique, de l'évolution vers une espèce d'indifférenciation des genres. Si les valeurs autrefois typiquement masculines d'abstraction de soi et de dévouement à la chose publique disparaissent de l'environnement de l'enfant, que reste-t-il à un garçon lorsqu'il constate qu'il a les mêmes prérogatives que les filles, sauf la beauté et cette aptitude à la maternité tant valorisées par ailleurs ? Pour quelques-uns, ce sera l'exaltation de la force physique, le refus d'exprimer les émotions, le rejet d'une culture « bouffonne » et romanesque transmise par l'école, au profit de jeux d'action et d'aventure. Revaloriser le masculin, redonner leur place à des pères malmenés par la vie ou dépossédés de leur rôle sont des propositions louables, mais qui ne se réaliseront pas par décrets. La véritable question est celle de l'engagement dans la durée des deux parents, homme et femme, auprès des enfants, au-delà des recompositions amoureuses.

Car il n'y va pas seulement de l'individuation psychique de l'enfant. Il s'agit de la confiance que chacun sera amené à accorder aux institutions sociales, à proportion de l'expérience de stabilité et d'ouverture qu'il aura éprouvée dans la première institution rencontrée. Comment, élevé pour son propre accomplissement, l'enfant pourra-t-il s'insérer dans un monde qui n'a pas été créé pour lui, mais qui le précède et lui survivra ?

Entrer dans la culture

Car aucun être ne se suffit à lui-même et n'a en soi seul sa raison d'existence. Cette « indépendance dépendante » est caractéristique de l'humanité : l'être humain a besoin d'être « institué », c'est-à-dire inscrit dans un collectif et intégré dans une histoire. Il devient lui-même en comprenant qu'il participe à une œuvre qui se fait dans le temps et qui le projette dans un avenir commun à toute l'humanité. Si, à l'intérieur de la vie familiale, l'enfant ne rencontre pas cette dimension d'ouverture au monde social, c'est le sens de l'école, et peut-être même le sens de la vie, qui viennent à disparaître.

Il faut ajouter que l'être humain ne peut sortir de la dépendance qu'en prenant la mesure d'une dépendance première, celle qui le relie aux générations précédentes et à la culture qu'elles lui ont léguée. L'arrivée au monde s'accompagne d'un héritage. Maîtriser une culture dont l'appropriation nécessite un travail, telle est la condition imposée à chaque nouveau venu, s'il doit être véritablement acteur dans cette histoire. Sur cette conviction reposait l'importance accordée jadis à l'acquisition méthodique des savoirs accumulés par les générations précédentes. Au-delà de la famille, c'est l'ensemble de la société qui sur ce point aujourd'hui vacille. Le rapport au passé et à la tradition devient suspect. Rendus perplexes par l'ennui et l'inappétence exprimés par les élèves, nous nous interrogeons d'abondance sur les raisons de ce désintérêt à l'égard des connaissances transmises par l'école. Comment expliquer la perte de sens des savoirs ? Il est trop simple de mettre en question les programmes – trop lourds ou trop légers – et les méthodes – trop abstraites ou trop concrètes. Sûrement avons-nous sans cesse à réinventer de nouvelles modalités de transmission. Mais les familles elles-mêmes sont-elles convaincues du sens de cette transmission et de sa nécessité ? Faute de ce « pilier » partagé, famille et école semblent bien condamnées à errer sans fin à la recherche de leurs missions propres.

La famille semble avoir perdu la « responsabilité du monde », pour reprendre l'expression si galvaudée d'Hannah Arendt. Que signifie donc ce mot vague de « monde » ? D'abord l'univers symbolique des significations partagées par une société, autrement dit sa culture : langue, codes, valeurs, connaissances. Mais aussi la dimension publique de l'existence : la participation de chacun à l'amélioration de la vie de tous. En un mot une réalité qui dépasse l'individu, qui constitue l'histoire de l'humanité mais aussi son avenir. Bien d'autres avant Arendt avaient noté la nécessité pour l'enfant d'être confronté très jeune à la dimension sociale de l'existence. C'était l'une des idées-forces de John Dewey par exemple : l'éducation, selon ce philosophe acquis aux idées modernes et passionné de pédagogie, ne peut être envisagée d'un point de vue strictement individualiste ; elle doit considérer l'enfant comme un membre de la société : « Se proposer de développer harmonieusement toutes les puissances de l'être humain en faisant abstraction de la solidarité sociale », cela revient à faire de l'éducation « une mécanique dépourvue de sens », écrivait-il en 1902[1]. Célestin Freinet, de son côté, reconnaissant le plaisir des enfants à partager les activités des adultes, prônait une « éducation du travail » axée sur la nécessité sociale de la coopération. Aujourd'hui, les familles se préoccupent peu de transmettre « le monde ». Ces enfants qui viennent combler le désir des parents, ou dont on souhaite le bonheur comme s'ils étaient à eux-mêmes leur propre fin, peuvent-ils être *élevés* – conduits vers le haut –, sans être associés à une réalité supérieure qui dépasse le cadre intime de la famille ?

C'est en ce sens que l'articulation avec la vie publique est nécessaire dès les premiers pas dans la vie. Seule la famille peut opérer cette articulation. Et elle ne peut le faire qu'en représentant aux yeux des enfants, d'une manière ou d'une autre, le temps de la vie sociale. Or, dans le but de protéger leurs enfants des difficultés de la vie professionnelle, mais aussi pour préserver une liberté que l'on suppose menacée par une société inégalitaire et répressive, de nombreux parents sont tentés de masquer cette réalité. Ils privent ainsi les jeunes de la conquête de leur identité, tout autant que de la conscience de ce qui pourtant garantit leur liberté. Car l'enfant a besoin, pour envisager sa propre place, de comprendre sa dépendance à l'égard du passé d'où il vient et d'être initié au rôle des institutions, entendues comme organisations humaines visant l'amélioration de la vie collective. Autant de choses qui répugnent à l'individualisme contemporain.

1. John Dewey, *L'École et l'enfant*, Paris, Delachaux et Niestlé, 1976, p. 134.

À travers son histoire, l'humanité met en place des régulations et des systèmes qui se transforment sous l'effet de multiples facteurs. Analyser les transformations dont témoignent les pratiques présentes n'interdit aucunement de rechercher de nouveaux équilibres. Nous assistons, dans la famille contemporaine, au déploiement d'une forme d'individualisme qui, pourrait-on dire, vise l'individualisation et non l'individuation des êtres. Former un individu ou une « personne », au sens que l'on donnait à ce mot aux alentours de 1900, c'est former des êtres qui, au-delà de la conscience de leurs droits, auront acquis la capacité de prendre leur part dans la vie d'une collectivité.

Cette bifurcation de l'individualisme, si souvent sur la sellette de nos jours, n'est pas un processus irréversible, pour peu qu'elle fasse l'objet d'une prise de conscience. En ce sens, une véritable réflexion sur la famille et sur l'éducation aujourd'hui pourrait avoir une pertinence inattendue, bien au-delà de ces deux sphères. Elle devrait permettre d'interroger le déploiement de cet individualisme inventé à l'époque moderne, lorsqu'il est amené à se défaire de la dimension sociale et historique de l'humanité. C'est l'immense défi qui est posé aujourd'hui à l'éducation. Car si nous amputons l'individualisme de son aspect le plus libérateur, celui qui relie chaque être à toute l'humanité, pour n'en garder qu'un pâle hédonisme respectueux de toutes les particularités, si en outre nous ne croyons plus au monde que nous avons à transmettre, et pas davantage à un avenir envisagé sur le mode de la peur et de la précaution, l'éducation risque bien de devenir vraiment impossible.

Deuxième partie

Des savoirs privés de sens ?

Le constat est devenu banal : dans un certain nombre de disciplines, ou la totalité, aux différents niveaux du système d'enseignement, très tôt, parfois, les connaissances proposées rebutent les élèves parce qu'elles ne font pas sens à leurs yeux. Ils ne voient pas les raisons de s'y intéresser, ils ne perçoivent pas les finalités de ce qu'on prétend leur apprendre, ni la cohérence des différents enseignements qu'ils reçoivent. D'où le sentiment d'arbitraire répandu chez les élèves. D'où l'ennui reproché à l'école, à tous les degrés, par les enfants et les parents. D'où le rejet des savoirs et de l'institution scolaire attesté par de multiples phénomènes de démobilisation, d'absentéisme, voire de « phobie scolaire ».

Le constat est assez largement partagé pour avoir suscité de multiples initiatives et propositions destinées à répondre à cette interpellation. Pédagogues et responsables se sont employés à chercher les moyens de remobiliser les élèves en rendant les savoirs plus attractifs par une présentation plus sensée. Il n'est pas excessif de dire que depuis deux décennies, cette question du sens a été l'un des plus puissants facteurs d'évolution de l'institution scolaire, de par les perplexités qu'elle a induites sur ce qu'il convient d'enseigner et la façon de le faire.

Il faudra quelque jour dresser le bilan détaillé de ces tentatives d'adaptation des programmes et des méthodes. Force est de constater qu'elles se sont montrées remarquablement contre-productives, dans l'ensemble. Elles n'ont guère abouti qu'à élargir le fossé qu'elles voulaient combler, faute d'une juste appréciation de la question posée. Le constat s'applique à la réponse plus générale, d'ordre civique plus que pédagogique, consistant à préconiser la justification systématique des savoirs dispensés, afin de prévenir le sentiment d'une imposition arbitraire. Son échec mérite un examen à part. Il est spécialement important de comprendre pourquoi ce sympathique rationalisme démocratique passe à côté du problème.

La vérité est que nous ne sommes pas devant un problème technique qui pourrait être réglé par des moyens scolaires. La pédagogie se heurte en ce point, voudrait-on montrer, à un phénomène qui la dépasse de beaucoup. Un phénomène civilisationnel et anthropologique fondamental, qui ne peut être valablement abordé qu'en le sortant du cadre des institutions éducatives. Ce qui se trouve remis en question ici touche, avec le statut du savoir, aux conditions de reproduction mêmes de nos sociétés.

La portée de l'interrogation ouverte ne saurait être trop soulignée. Elle engage la validité d'un des postulats anthropologiques les plus généralement acceptés. L'espèce humaine, nous enseigne une vénérable tradition, serait caractérisée par la curiosité ; elle serait travaillée par le désir d'apprendre, si ce n'est dévorée par la soif de connaissance. Un penchant fatal qui a conduit notre père Adam à la perdition, rapporte le mythe biblique. Une image de la Chute que les Lumières n'ont eu qu'à inverser pour produire leur propre mythe mobilisateur : l'humanité veut s'éclairer, pour peu qu'on lui en donne les moyens, car elle sait d'instinct que la connaissance est le plus sûr instrument de son émancipation. Cela fut vrai ; il n'est pas dit pour autant que cela doive le demeurer toujours. Les vicissitudes actuelles du goût de savoir pourraient marquer un renversement de tendance. Peut-être sommes-nous en train d'assister à l'émergence d'une humanité post-adamique, pour laquelle les périls et les promesses de cette *libido sciendi* ne seront plus qu'un souvenir.

L'insatiable curiosité enfantine, premier argument à l'appui de la thèse de l'invariant anthropologique, est toujours là et bien là, objectera-t-on. C'est donc l'institution qui la décourage et l'étouffe, faute de savoir y répondre. Le problème n'est que de l'entendre et de la laisser jouer. Il est permis de faire une autre hypothèse. C'est que l'appétit de connaissance prend sens en fonction d'une certaine configuration culturelle, au sein d'un certain fonctionnement social. Soit cet ensemble de représentations et d'orientations que l'enfant rencontre pour le principal à l'école, en effet, dans nos sociétés, étant donné le rôle de socialisation qui lui revient en plus de son rôle de transmission, mais qui n'est pas d'elle, qui relève d'un esprit ambiant qui la déborde et qu'elle transmet comme malgré elle, ou à son insu, en sus de son message officiel. Or il y a des raisons de penser que l'image de la connaissance que véhicule notre culture ambiante est dissuasive à plus d'un titre. Si les enfants perdent à l'école le goût d'apprendre, ce n'est pas du fait de sa maladresse, mais du fait de la vision de l'humain et de la société dont elle est le vecteur involontaire. Par une belle ironie de l'histoire, la société de la connaissance pourrait bien s'avérer celle où le désir de savoir n'a plus lieu d'être.

La bonne manière d'aborder la question paraît être, en la circonstance, de la renverser[1]. Pour avoir une chance

1. On laisse de côté, afin d'aller droit à l'essentiel, l'examen de deux préalables, le premier concernant la réalité et la nouveauté du phénomène, le second touchant à l'explication la plus communément avancée.

Rien de nouveau sous le soleil, nous disent certains : il y a toujours eu une bonne proportion d'élèves réfractaires ou indifférents. Même en admettant que cela soit vrai, il reste à comprendre un phénomène qui concerne peu ou prou tout le monde, y compris les bons élèves qui continuent de jouer le jeu, tout en n'en pensant pas moins. Par ailleurs, il est légitime de se demander s'il ne s'agit pas d'un phénomène récurrent, lié à des moments de crise du système scolaire et affectant la pertinence sociale de telle ou telle discipline. Nous en aurions au moins un exemple avec le déclin des humanités classiques sur un siècle. L'idée reçue, depuis la Renaissance, selon laquelle le grec et le latin sont indispensables à la formation d'un exemplaire achevé d'humanité a subi une érosion continue depuis le début du XXe siècle. Cet enseignement jadis canonique a peu à peu perdu son sens. Ne serait-ce pas le modèle des processus de déperdition dont nous sommes témoins, qui devraient dès lors être conçus comme des obsolescences sectorielles impossibles à généraliser ? Si tentante qu'elle soit, cette interprétation ne suffit pas à rendre compte d'un phénomène qui semble bel et bien toucher l'ensemble des disciplines et porter sur le principe même de l'acquisition.

En ce qui concerne l'explication, maintenant, nombreux sont ceux qui invoquent la massification pour rendre compte des attitudes qui toucheraient essentiellement les « nouveaux publics ». Ce qui convenait à un petit nombre d'élèves issus des milieux privilégiés en matière d'organisation du cursus et de leurs contenus ne ferait plus sens, nous dit-on, pour des publics de masse culturellement défavorisés. L'observation a sa part de pertinence, mais elle laisse manifestement échapper le fond du phénomène. Elle confond sa nature et ses expressions, comme c'est souvent le cas avec l'invocation du facteur de classe. Que les différences de niveaux culturels aient des incidences, éventuellement fortes, sur les manifestations de désinvestissement ou de distance, cela paraît acquis, et cela se conçoit, du reste, sans difficulté. Qu'elles aillent à la racine du phénomène, c'est une autre affaire. La perte de sens des savoirs scolaires de saisir les raisons qui font que les savoirs ont l'air de n'avoir plus de sens, il faut commencer par se demander ce qui leur en donnait. De manière générale, autrement dit, pour comprendre pourquoi un problème apparaît, il est bon de remonter aux motifs pour lesquels il ne se posait pas. Car ce n'est pas qu'on disposait de bonnes solutions, auparavant, c'est que la question n'avait pas lieu d'être soulevée. Une série d'évidences implicites sur lesquelles reposait l'entreprise éducative se sont défaites. Voilà la véritable source de nos difficultés.

Ces présupposés, incorporés dans le mécanisme collectif et qui formaient le socle apparemment « naturel » de l'acte de transmission, semblent pouvoir être rangés sous trois chefs : le rapport au passé, le mode de socialisation, le statut social de la connaissance, du savoir et de la culture.

L'impact de la détraditionalisation

Pour le formuler autrement, ce qui conférait non seulement du sens, mais une manière d'évidence au rapport de transmission, c'était, en premier lieu, le maintien tacite de la dimension de *tradition* dans le fonctionnement de nos sociétés et spécialement de l'institution scolaire.

---

se manifeste, pour commencer, avec une précocité qui interdit de la ramener à un problème de choc culturel : elle affecte éminemment les degrés élémentaires de l'enseignement. Tout atteste, par ailleurs, de sa diffusion générale. Elle touche les milieux les plus divers, même si elle y prend d'autres visages. D'une certaine manière, son impact est encore plus spectaculaire dans les milieux cultivés, où le moindre relief de ses manifestations scolaires n'empêche pas des cassures marquées du point de vue de l'adhésion personnelle à l'idéal de culture.

Le phénomène social qui nous bouscule a pour nom *détraditionalisation,* en entendant par là la dissolution de la tradition en tant que forme sociale effectuante. Ce n'est pas, certes, que la détraditionalisation soit un phénomène récent. Elle est à l'œuvre au moins depuis le XVIIIe siècle, en fonction du grand basculement de l'activité sociale du passé vers l'avenir et de la soumission progressive de l'ensemble des activités, dans ce cadre, à un réexamen rationnel destiné à en accroître l'efficacité.

Du point de vue des principes, l'autorité de la tradition est morte depuis longtemps. L'idée que le modèle insurpassable de nos conduites et de nos usages se situe dans un passé fondateur, dont nous n'avons qu'à suivre et à reconduire les leçons de notre mieux, n'a plus cours nulle part depuis longtemps. Il n'empêche que, dans le fonctionnement social effectif, quelque chose de ce passé de la tradition se maintenait sous la forme d'un passé vivant. Entendons : un passé diffusément reconnu comme exemplaire, que ce soit à titre moral, sous les traits des grands hommes sur lesquels prendre modèle, ou que ce soit à titre intellectuel, sous l'aspect des manières accomplies de penser ou de s'exprimer cultivées par les humanités. Manières accomplies réputées posséder une vertu permanente, intemporelle, indépendamment de la distance historique nous séparant des auteurs et de leurs œuvres. Tradition il y a, en pratique, tout le temps où il continue tacitement d'être admis qu'il existe dans le passé un réservoir de présent perpétuel auprès duquel nous ne cessons de nous ressourcer. Il y aurait à examiner les différents niveaux auxquels s'exerçait cette relation de dépendance et les canaux qu'elle empruntait. Ce qui est sûr, c'est qu'elle demeurait structurante, jusqu'il y a peu, même sur un mode affaibli et dans une sphère en voie de rétrécissement.

L'école aura été, à cet égard, l'institution ambiguë par excellence dans la modernité. D'un côté, elle se construit contre la tradition. Elle en appelle à la méthode et à la transmission raisonnée contre le mode d'acquisition par imprégnation qui allait de pair avec le règne social de l'autorité du passé. Mais cela, de l'autre côté, tout en s'étayant dans son fonctionnement quotidien sur cette dimension de tradition qu'elle récuse en principe. C'est sous l'angle de ce compromis secret entre raison et tradition qu'il faudrait écrire l'histoire de l'institution scolaire en Occident depuis la Renaissance, compromis régulièrement renégocié, mais solidement maintenu jusqu'en plein XXe siècle. Non seulement l'école tirait une bonne part de sa légitimité en tant qu'institution de sa qualité de truchement avec une antériorité modèle, exemplifiée par la culture antique, non seulement elle reposait socialement sur le présupposé du nécessaire détour par le passé pour rejoindre le présent, mais elle vivait concrètement sur ces techniques d'incorporation de ce qui vous précède et vous surplombe.

Les sociétés modernes n'ont pas inventé l'école. Il y a des écoles, dans la rigueur du terme, depuis qu'il y a de l'écriture et que se pose le problème de transmettre la culture écrite. Mais les sociétés modernes ont donné à l'institution scolaire une place sans équivalent. Elles ont changé la nature de la transmission qui, écriture ou pas, était restée fondée sur des apprentissages traditionnels à base de familiarisation, d'imprégnation et de répétition, en l'érigeant en une fonction explicite, institutionnellement spécialisée et intellectuellement réfléchie. Les sociétés modernes sont des sociétés scolaires, c'est-à-dire des sociétés qui font passer la transmission par une institution spécifiquement dévolue à cet objet (ce qui n'a jamais empêché d'autres canaux de transmission de continuer d'exister). La tâche de transmission y prend un caractère délibéré et systématique, à distance des routines coutumières. L'école moderne est inséparable d'une pédagogie s'interrogeant sur les meilleures modalités de la transmission. Cette démarche méthodique a pour originalité, enfin, de s'appuyer sur la postulation du sujet de raison, du côté de l'élève. Elle suppose le concours actif de celui qui apprend, dans la mesure où sa progression est suspendue à la maîtrise des principes rationnels de la connaissance et non au détail de celle-ci – c'est ce que signifie la fameuse opposition fondatrice de la « tête bien faite » et de la « tête bien pleine ». Le système de la tradition, à l'opposé, ne se préoccupe pas de l'acteur des acquisitions ; ce qu'il vise, c'est l'absorption de celui-ci dans le réseau des façons d'être et de penser reçues.

Ces trois dimensions – l'institution, la méthode, le sujet de raison – n'ont cessé de s'affirmer de conserve au fil du parcours de la modernité. Leur place s'est démultipliée en fonction, en particulier, de deux facteurs corrélés : d'une part, la révolution temporelle que les sociétés modernes ont connue à partir de la seconde moitié du XVIIIe siècle et qui les a détournées de la fidélité au passé pour les tourner toujours davantage vers l'invention de l'avenir ; d'autre part, le rôle croissant accordé en droit à l'individu et à son indépendance. La futurition et l'individualisation se sont conjuguées pour attribuer une fonction de plus en plus névralgique à l'institution en charge de préparer l'avenir collectif, pour conférer un caractère de plus en plus concerté au travail de formation des acteurs du futur et pour donner un tour de plus en plus exigeant à la mobilisation des ressources personnelles. Élargissement institutionnel, approfondissement pédagogique, intensification de l'activité des élèves : ainsi pourrait-on résumer caricaturalement la dynamique de la scolarisation moderne.

Et cependant, au milieu de ces transformations qui n'ont cessé de nous éloigner du système de la tradition depuis plus de cinq siècles, celui-ci a continué, jusqu'à une date récente, à informer ce dispositif de plus en plus antitraditionnel. L'orientation futuriste, individuelle et active de l'enseignement moderne se déployait dans l'ombre de l'évidence inquestionnée d'une obligation envers le passé, d'une précédence des modèles collectifs imposant de s'en pénétrer. Les principes modernes pouvaient se déployer avec d'autant plus d'efficacité qu'ils s'appuyaient sur cet impératif dissimulé sous les traits de la relation « naturelle » avec l'acquis du passé.

D'où l'impression d'affaissement provoquée par la relance du processus de détraditionalisation. C'est comme si un sol invisible s'était dérobé sous nos pas. Au stade de parachèvement qu'il atteint aujourd'hui, en effet, le phénomène vide le passé de sa valeur vivante et de sa portée actuelle. Il fait de nous des êtres historiques d'un nouveau type : des êtres qui, spontanément, ne sont plus contemporains d'aucun passé. Nous sommes les premiers dans l'histoire pour lesquels il n'existe plus que du passé mort et muet. Les conséquences pour la situation d'enseignement, qui ne peut se présenter, du point de vue de « l'usager », que comme la confrontation à un univers de savoirs déjà là, vont très loin.

La détraditionalisation a sa traduction caractéristique dans le mouvement de *patrimonialisation* du passé, qui modifie décisivement la manière de s'y rapporter. Il est vénéré dans ses concrétisations monumentales et documentaires comme une sorte de socle de l'existence collective, mais il est installé en même temps dans une distance radicale qui le fait ressentir comme parfaitement extérieur. Il se visite, il est un objet de respect et de curiosité, mais il est indifférent. Il regarde le décor social et le loisir personnel. Il n'est pas indispensable à la vie. Il n'y a aucune nécessité particulière de le faire sien, comme si quelque chose de notre substance intime était impliquée en lui. On peut fort bien se passer de lui, à titre individuel, même s'il est collectivement investi d'une manière de sacralité.

Les incidences de cette mise à distance concernent au premier chef les disciplines littéraires, mais elles engagent en réalité la place des savoirs en général. Par ce canal, elles touchent aussi les sciences, comme on verra.

La détraditionalisation ébranle la transmission dans son principe même. Il ne peut être question de *transmettre*, à proprement parler, au sein de ce nouveau cadre, dans le sens où l'acquis des générations précédentes aurait à passer aux générations suivantes, pour ne pas parler d'une quelconque autorité du passé qui s'imposerait d'elle-même aux présents-vivants. La réflexion pédagogique en devient aveugle à la dimension d'antériorité qui appelait des truchements pour faciliter l'accès des nouveaux venus à ce qui les précède. La seule démarche qui paraisse fondée, désormais, consiste à partir des besoins des êtres singuliers au présent. Et cela, non pour rejoindre un état donné du savoir ou de la culture, ou pour acquérir un bagage commun, mais pour répondre à une nécessité personnelle. La connaissance n'a de sens qu'individuel et actuel.

C'est pourquoi, au final, les sciences constituées ne sont pas moins touchées que le patrimoine humaniste.

Seul est recevable le savoir qui peut être construit ici et maintenant, en fonction d'un emploi immédiatement intelligible. Or l'entrée dans la connaissance scientifique se présente inévitablement, elle aussi, sous l'aspect de la confrontation avec le fruit sédimentaire des conquêtes de l'esprit humain. En quoi elle s'est prêtée sans difficulté, pendant longtemps, à une lecture traditionalisante ; en quoi elle apparaît aujourd'hui entachée d'un surplomb dogmatique illégitime au regard de l'exigence d'une redécouverte du bien-fondé de ses apports par chacun, redécouverte réputée seule capable de lui conférer une signification solide. Idéalement, dans cette perspective, chaque esprit devrait être en mesure de refaire pour son compte le parcours complet de la connaissance, de manière à se la rendre pleinement contemporaine sur chacun de ses points névralgiques. Reste à voir si cette optique dictée par les circonstances correspond ultimement à la réalité et fournit véritablement les moyens de répondre à la question posée.

L'individualisation contre l'anticipation

Cette évidence maintenue de la forme-tradition, au-delà de son contenu, allait de pair avec un mode de socialisation qui se voit, lui aussi, remis en question. La détraditionalisation s'accompagne d'une avancée de l'individualisation dont elle définit les caractères particuliers. L'individualisme d'aujourd'hui, dans ce qu'il a de spécifique par rapport à d'autres de ses expressions antérieures, est le fruit de la détraditionalisation.

Cette dimension de *précédence* qui articulait le passé et le présent et qui faisait vivre d'une certaine manière le passé dans le présent était inséparable d'une dimension d'*appartenance* dans le fonctionnement social – dimension d'appartenance impliquant une inscription contraignante de l'individu dans le collectif et une identification constituante de l'individu au collectif. De la même façon que l'on est ou que l'on devient un être humain digne de ce nom grâce au passé que l'on incorpore, l'on accède à la pleine existence au travers du groupe humain dont on fait partie. L'école présupposait cette adhésion, qu'elle avait pour mission de rendre raisonnée. Elle était le laboratoire d'une prise de conscience éclairée de cette inclusion constitutive. C'est en cela qu'elle était libératrice, tout en renforçant le lien de l'individu avec la communauté de ses pareils.

Cette dimension d'appartenance entretenait pour une bonne partie l'évidence sociale de la transmission, des deux côtés de la relation, tant du côté de celui qui dispense le savoir et qui introduit le nouveau venu dans ce qui le précède, que du côté de celui qui doit entrer dans ce qui lui préexiste et qui a besoin d'un médiateur pour ce faire. Devenir soi-même, dans un tel cadre, apprendre qui l'on est, suppose de prendre symboliquement sur soi cette réalité collective qui vous enveloppe, de la faire sienne en quelque manière et à l'échelle de ses moyens. Aux adultes en possession de ce monde constitué de faciliter cette intégration nécessaire. Voilà ce que voulait dire *socialisation* dans la pleine acception du terme. Dans les sociétés de religion et de tradition, elle avait pour but de fournir aux membres entrants les moyens de tenir la place qui leur était assignée. Dans les sociétés démocratiques, l'objectif se déplace : il est de permettre aux nouveaux venus d'exercer le rôle d'acteurs à part entière de cette communauté des citoyens qui ne les a pas attendus pour exister. Mais dans l'un et l'autre cas, si grande soit la différence de visée, l'admission préalable de l'appartenance reste la même, avec ce qu'elle implique de processus de socialisation.

Ce mode de socialisation est à la base du principe fondamental de l'institution scolaire moderne : *l'anticipation.* La responsabilité des adultes qui détiennent les clés du monde où les nouveaux venus doivent entrer et qui savent, pour l'avoir franchi, la difficulté du passage, est de leur frayer la route, en définissant à leur place, par nécessité, le programme de leurs acquisitions. Enseigner, c'est se mettre à la place et se substituer d'une certaine manière à l'enfant ou au jeune ; c'est exercer sur lui une tutelle en lui faisant parcourir un chemin dont il ne pourra véritablement saisir la nécessité qu'après coup. Ce dispositif temporel ne représente rien d'autre que le redéploiement de l'antique forme de l'*initiation* à l'intérieur de l'institution scolaire et dans l'élément du savoir. Là où l'initiation mettait en avant la soumission à la règle collective et le statut social à acquérir, l'école déporte l'accent sur la participation réfléchie à la chose commune et sur les ressources personnelles à cultiver. Il n'empêche que, derrière cette divergence essentielle des projets, la structure sous-jacente présidant à l'advenue au monde humain-social demeure identique.

Or ce mode de socialisation est radicalement remis en question par les développements récents du processus d'individualisation. Au stade que l'individualisation atteint aujourd'hui, elle exclut d'admettre une quelconque précédence symbolique du collectif. C'est l'individu qui est par principe antérieur, qui est au point de départ, y compris et surtout lorsqu'il s'agit d'apprendre. Ce sont ses besoins, son désir, ses intérêts qui, non seulement priment en droit, mais comptent en fait, parce qu'ils sont réputés les seuls à posséder une puissance motrice. Le ressort de l'appartenance, le besoin de société, se sont effacés de la scène. Tout vient de l'individu ou ne vient pas.

Aussi cet individu veut-il comprendre les raisons de ce qui lui est demandé d'acquérir. Sa question préalable est de savoir ce que cela peut signifier pour lui. Nous touchons ici à la racine de la demande de justification qui, désormais, se dresse potentiellement devant toute proposition de connaissance. On discerne sur cette base, soit dit au passage, la grande naïveté des bons apôtres qui croient venir à bout de l'interpellation avec des réponses rationnelles. Car ce n'est pas une justification universelle, valable pour tout un chacun, qui est réclamée, mais une justification singulière, valable à l'échelle de chaque individualité, et donc inépuisable – « vos raisons valent peut-être en général, mais elles ne disent rien de mon problème à moi. » Sur ce chapitre, aucune autorité, qu'elle soit celle du passé, de la collectivité et des adultes, ou qu'elle soit celle de la raison commune, ne peut plus se présenter comme la clé naturelle de l'entrée dans le monde déjà-là. Si le sentiment majoritaire des élèves est la résignation, il ne faudrait surtout pas prendre celle-ci pour une adhésion.

Rien ne montre mieux le délitement du dispositif d'anticipation que la multiplication des réfractaires à une formation initiale dont le bien-fondé leur échappe et la forte demande de formation après coup dont les mêmes se montrent capables. Ce rattrapage est à coup sûr un phénomène appelé à se développer. Le problème étant qu'aucune société ne pourra jamais se permettre d'attendre que ses nouveaux membres soient en mesure de comprendre la nécessité d'une éducation pour les éduquer. La délégitimation de l'anticipation éducative est l'un des plus puissants défis lancés à l'avenir de nos systèmes d'enseignement.

L'extériorisation des savoirs

La rupture – car c'est bel et bien d'une rupture qu'il s'agit – procède en troisième lieu, enfin, d'un changement dans le statut et le rôle des savoirs, de la connaissance et de la culture dans la vie de nos sociétés. Savoirs, connaissance, culture : autant de termes à soigneusement distinguer et dont la signification se précisera d'elle-même par l'usage.

Le problème est à multiples entrées. Nous en retiendrons cinq, qui se recoupent, comme elles recoupent des données précédemment évoquées, mais qui nous semblent ouvrir sur les reliefs principaux d'un massif où tout se tient.

1. Les deux premiers regardent des expériences jadis constituantes qui nous sont devenues proprement incompréhensibles : le *devenir-individu* et le *devenir-humain*. Des expériences qui correspondent à la face subjective de ce qu'on a commencé par décrire du point de vue de l'objectivité des processus sociaux. Or le savoir et la culture jouaient dans ces expériences un rôle de levier qui accréditait comme naturellement la nécessité de l'éducation.

On avait à devenir individu, parce que l'indépendance de celui-ci se présentait comme une conquête par rapport à l'évidence maintenue de sa dépendance communautaire. Ce pourquoi le devenir-individu passait par l'appropriation à la fois des leçons du passé et de l'esprit de sa communauté, canaux indispensables pour s'élever à la maîtrise consciente de sa dépendance d'origine et la dominer. Ce qui donnait un aspect aristocratique à l'individualisme. Car pareil travail est susceptible, par nature, de degrés ; il distingue les êtres selon leur accomplissement en tant qu'individualités. Cet aspect aristocratique de la poursuite de l'excellence individuelle a fait longtemps le meilleur ménage avec l'esprit démocratique, singulièrement sur son versant scolaire. Il était entendu qu'il fallait former le citoyen, qu'il fallait l'élever à sa pleine puissance individuelle en lui communiquant le sens de sa place dans le temps avec le sens des rouages de la cité. Les savoirs étaient au centre du devenir-individu, en un mot. La perspective fournissait l'une des motivations les plus puissantes de leur acquisition ; elle leur conférait une valeur initiatique. L'autoconstruction de l'individu n'était pas concevable hors de cette base, la question demeurant ouverte, à partir de là, des savoirs les mieux à même de remplir cet objectif.

La perspective s'est renversée. L'avancée de l'individualisation a dissous le devenir-individu. Dans l'entente nouvelle de l'individualisme qui s'est imposée au cours des trois dernières décennies, l'individu est posé avant les savoirs ; il n'en a aucun besoin pour s'instituer ; il est tacitement admis qu'il existe indépendamment d'eux. Les savoirs sont assimilés à des instruments de l'individu. Des instruments indispensables, certes, mais ne représentant en aucun cas ses fondations mêmes. Il est entendu qu'on vit mieux avec ; mais, dans le principe, on peut vivre sans. Il est exclu, en particulier, qu'ils puissent être source d'une excellence des êtres qu'il y aurait du sens à poursuivre par-devers soi. Il n'y a plus de place, au sein de cet individualisme de masse qui ne connaît que l'identité primordiale des êtres, pour une quelconque aristocratie de la démocratie.

2. Ce devenir-individu reconduisait en en donnant une version moderne un *devenir-humain* bien plus large, qui subsistait sous lui. Il l'absorbait en partie et le cachait, sans toutefois l'épuiser. Un devenir-humain dont le levier était la *culture* plutôt que le savoir, en prenant ce terme de culture dans une vaste palette d'acceptions, allant de la simple civilité à la réflexion la plus exigeante, en passant par « l'usage du monde », au sens fort de l'intérêt pour la multiplicité des manières d'habiter et de concevoir le monde. Cette extension, loin de diluer le phénomène, est ce qui permet d'en apprécier la signification anthropologique. Le trait commun qui unifie ces différentes manifestations de la culture, en effet, n'est autre que le travail sur soi grâce auquel l'humanité s'élève au-dessus de la nature et de sa propre barbarie spontanée. Cet effort auto-instituant commence dès les formes qui pacifient et civilisent les relations entre les êtres ; il trouve l'une de ses traductions éminentes dans la discipline qui substitue la construction maîtrisée du discours au flux désordonné de la langue ; il culmine dans le labeur de la réflexion par lequel cette distance à l'immédiat vérifie son bien-fondé et se dote de ses instruments permanents. Cette multiplicité de registres est à la mesure d'un enjeu forcément global, puisque ce détour par l'artifice concerne l'identité de l'établissement humain-social en tant que telle.

Or ce rôle pivotal et constituant de la culture se voit contesté et subverti par la nouvelle logique de l'individu. Au rebours de l'exigence de mise en forme, celle-ci privilégie, en effet, la déformalisation ; elle met en avant l'authenticité et la spontanéité, au nom de l'aspiration à être soi-même. Ces mots d'ordre viennent de très loin ; ils ont pris corps dès la seconde moitié du XVIIIe siècle. Mais par le même phénomène de compromis qu'on a déjà décrit, ils se coulaient dans les formes reçues, dont ils venaient renouveler l'expression. Le système de la culture canalisait la voix de la nature. La nouveauté, c'est qu'il ne parvient plus à la contenir, c'est qu'il a été débordé par elle. Le naturalisme a pris le dessus sur le culturalisme, pourrait-on dire. L'idée que l'existence de l'humanité dépend du travail de la culture a été supplantée par l'idée que l'accès à la vérité de l'humain suppose de laisser parler la nature en soi, en dehors des conventions artificielles qui ne peuvent que la trahir. S'il y a une chose à cultiver, c'est l'immédiateté de soi. Comme quoi on reste dans l'espace de la culture (on ne le quitte pas à la volonté), mais une culture de la nature, à l'opposé de l'orientation expressément anti-naturelle qui définissait antérieurement la culture. Une culture de la nature dont le geste préféré est la déconstruction des codes sociaux et des canons en vigueur, suspects par principe de travestissement. S'il y a lieu de les connaître, c'est pour les dépasser. Mais le plus simple est évidemment de s'en passer, puisque leur acquisition n'est en aucune manière dispensable à la jonction avec soi.

3. Ces déplacements vont de pair avec une modification de la signification attribuée aux savoirs et à la connaissance au sein de la conscience collective.

Le rôle qui leur est reconnu n'est plus le même. Pour résumer l'évolution d'une formule qui, si elle durcit le trait, pointe l'essentiel : ils étaient libérateurs ; ils sont devenus oppresseurs (ou du moins potentiellement oppresseurs). Ils représentaient l'indépendance de la raison contre l'assujettissement au préjugé. Ils incarnaient l'émancipation de l'esprit humain par rapport à l'empire de la religion, à la prison du dogme, aux chaînes de l'autorité, à la menace de l'arbitraire. Cette aura n'est plus. Ce qui a changé, tout simplement, c'est que les savoirs fondés en raison ont gagné, qu'ils ont éliminé leurs anciens adversaires et rivaux, qu'ils sont au pouvoir, qu'ils commandent tout. Ils sont devenus la loi, l'armature, la trame même de nos sociétés (y compris, et de plus en plus, leur trame économique). Ils n'ont plus, de ce fait, la moindre magie libératrice aux yeux des acteurs, quand ils ne se mettent pas à représenter à leur tour une dictature aliénante ou à symboliser la prison du rationnel.

Cela dans un temps, par ailleurs, où les attentes intellectuelles à l'égard de la science ne peuvent plus être les mêmes. Il y aurait ici à retracer les effets de long terme de la crise de la Science, avec un grand « S », enclenchée dans les parages de 1900 et qui n'a cessé de cheminer depuis lors, jusqu'à gagner insensiblement le plus grand nombre des esprits, même si c'est d'une manière fort confuse. La Science avait promis d'offrir une alternative positive à la religion, en apportant une explication ultime de l'univers et de la place de l'homme en son sein au moyen de la seule raison. Qui ignore aujourd'hui qu'un tel espoir est vain ? Nous sommes sous le coup d'un *désenchantement de la science* qui a radicalement modifié l'appétence dont elle peut faire l'objet. Il n'y a pas à en attendre l'intelligibilité globale et dernière dont les religions et les métaphysiques traduisent le besoin pour l'esprit. Les explications qu'elle atteint sont par essence d'un autre ordre ; elles s'inscrivent, de surcroît, dans le cadre d'une quête inachevable. Tout le monde le sait ou le sent peu ou prou. C'est devenu l'air que nous respirons. Comment cette révision à la baisse (que traduit bien la substitution du terme de recherche à celui de science) pourrait-elle ne pas affecter la mobilisation des esprits ? Les explications scientifiques sont d'une haute utilité, certes, peu en doutent, elles sont d'une efficacité que chacun peut admirer, mais rien de plus. Il n'y a rien de décisif à en espérer, s'agissant de percer les énigmes de notre destinée. Dans ces conditions, leur beauté et leur intérêt intrinsèques sont réservés à l'usage des initiés.

4. Ce phénomène qui porte sur la *signification* de la connaissance scientifique, et, plus largement, de l'élucidation rationnelle, est à distinguer d'un autre, connexe, qui touche, lui, leur *statut* dans la société, la place des savoirs et de la connaissance dans le fonctionnement collectif. L'évolution que l'on observe sur ce terrain n'est pas sans rejoindre celle que nous constations à propos du patrimoine. Dans l'un et l'autre cas, nous avons affaire à des processus d'*extériorisation*, ici, des outils du savoir, là, des attestations du passé qui modifient profondément les conditions dans lesquelles les acteurs sociaux peuvent les regarder et s'y rapporter.

Économie cognitive, société de la connaissance, société du savoir : le vocabulaire courant a enregistré cette démultiplication du rôle de la recherche, de l'innovation, de l'expertise dans la dynamique et l'organisation de nos sociétés. Mais les conséquences de cette omniprésence reconnue sont encore loin d'avoir été toutes tirées. Cette intégration fonctionnelle des savoirs et de la connaissance dans le mécanisme collectif – intégration à laquelle les « nouvelles technologies de l'information et de la communication » procurent un relais déterminant et une matérialisation sensible à tous – s'accompagne d'une métamorphose de leur place symbolique dans le mécanisme collectif. Elle entraîne une *objectivation* de ces savoirs qui en modifie radicalement l'image et le mode d'emploi. Les savoirs sont assimilés désormais à un *environnement à disposition* fournissant autant de prothèses techniques, dont la vertigineuse expansion des mémoires artificielles n'est que l'illustration la plus frappante[1]. Dans l'opération, le savoir cesse d'être ce qui est constitutivement *à soi*. Il devient ce qui est fondamentalement *hors de soi*, le problème, à partir de là, étant d'apprendre à le mobiliser et à le manier. L'idéal était de disposer du savoir par le dedans, la « tête bien faite » étant précisément celle qui avait les moyens de l'intérioriser, et, partant, de l'organiser. L'idéal est devenu de le laisser à l'extérieur de l'individu, en se contentant de lui fournir les clés d'accès. Rien de plus frappant, à cet égard, que l'effacement de la figure du savant au profit de la figure du chercheur : l'opérateur du savoir a remplacé son détenteur. C'est ce qui explique la popularité renouvelée de la vieille formule programmatique d'*apprendre à apprendre*. Elle acquiert dans ce contexte une pertinence souveraine, s'agissant de brancher la disposition intérieure sur l'appareillage extérieur.

Nous touchons ici à la racine du phénomène paradoxal entre tous qu'est la *désintellectualisation* rampante,

1. Sur ce point, voir en particulier Merlin Donald, « Memory Palaces. The Revolutionary Function of Libraries », *Queens Quarterly*, vol. 108, n° 4, hiver 2001, dans la ligne de ses livres sur « L'évolution de la conscience humaine », *Origins of the Modern Mind*, Harvard, Harvard University Press, 1991 et *A Mind so Rare*, New York, Norton, 2001.

dont la société du savoir nous offre le spectacle. Il est moins surprenant qu'il n'en a l'air, en réalité, dès lors que l'on considère le déclassement subjectif qui double cette promotion sociale. À quoi bon se pénétrer de savoir, s'il n'est plus de l'ordre d'une intelligibilité à conquérir pour son propre compte, mais de l'ordre d'un fonctionnement extrinsèque, dont il suffit d'acquérir le maniement ?

5. Il faut faire une place à part, enfin, à l'imaginaire des savoirs et à leurs implications existentielles. Le déplacement n'est pas moindre sur ce terrain. À l'arrivée, il se pourrait que ce soit le paramètre le plus important, en ce qui concerne l'école.

Sans prétendre à l'exhaustivité, dans un domaine par nature foisonnant, nous voudrions au moins rendre sensible l'ampleur des transformations intervenues en ce domaine.

La connaissance moderne est associée de naissance à un imaginaire de la puissance individuelle et collective – la légende du docteur Faust est là pour en témoigner. Elle fait l'objet, dans un premier moment, d'une crainte révérencieuse associée à la condamnation chrétienne de la *libido sciendi*. Quoi de plus redoutable que le déchaînement de la volonté de comprendre ce qui est destiné à rester celé à la faible intelligence de la créature ? En même temps, cette transgression des limites fascine. Qui ne serait tenté par l'ivresse de percer les secrets de la nature, ou par l'orgueil d'accéder à la maîtrise intellectuelle et pratique de l'ordre du monde ? Par où la légende noire prépare en fait les voies du culte de la science : l'âge des Lumières n'aura qu'à en retourner les termes. Le découvreur et l'inventeur sont hissés sur le pavois en tant que figures héroïques de la libre-pensée. Ils sont propulsés au premier rang de ceux qui méritent d'être appelés « grands hommes », parce qu'ils sont d'authentiques bienfaiteurs de l'humanité. Ils suffit d'évoquer ces images qui ont fait les grands jours de l'école et de sa religion civique pour mesurer le chemin parcouru. À l'heure de la *big science*, le chercheur a perdu le prestige de l'individualité héroïque ; il n'est plus guère que le serviteur anonyme d'une puissance prosaïque. Quant aux bénéfices de ses œuvres, ils sont sur la sellette. Si l'on n'est pas revenu à l'image maléfique, le doute s'est à tout le moins installé. Entre l'absurdité de l'innovation à tout prix et l'irresponsabilité d'une entreprise ignorante de ses retombées, la figure de la connaissance s'est sérieusement dégradée. Elle est celle d'une activité risquée qui appelle à la précaution, qui demande à être socialement surveillée et encadrée. Rien de très exaltant ! Le ressort prométhéen et la séduction romantique se sont irrémédiablement envolés.

De manière générale, la connaissance, le savoir, la culture, ne font plus rêver – et c'est une perte dramatique pour l'école. Le pouvoir d'évocation qui les habitait s'est évaporé ; la promesse d'évasion qu'ils véhiculaient les a désertés. Le phénomène est pris dans une crise plus large de l'imagination, sur laquelle on revient plus loin à propos du cas particulier de l'enseignement de la langue et de la littérature. Elle ne se limite pas à l'école, loin s'en faut, mais elle la touche de plein fouet. C'était l'un des plus puissants atouts de l'école que d'avoir l'imagination pour elle, contre la prose et la grisaille du quotidien. Elle ne le savait pas assez, mais ses routines étaient soulevées par le rêve. Elle a perdu son meilleur allié.

Plus profondément encore, c'est le socle anthropologique sur lequel reposait la valorisation de la connaissance qui paraît s'être dérobé. Il s'est produit, à cet égard, une inversion capitale, qui pourrait être l'un des événements fondamentaux de notre histoire culturelle récente. D'une expérience millénaire, le corps était tenu pour le lieu de la souffrance et du malheur intimes. En regard, l'esprit faisait figure de moyen de s'élever au-dessus de notre misère ; il proposait notre seule voie d'accès aux vrais plaisirs, ceux qui durent et dont on est maître ; il s'offrait comme l'instrument de notre bonheur en ce monde et de notre éventuelle félicité dans l'autre. Or nous voici devenus, par la grâce de la médecine, de l'hygiène et de l'abondance, les premiers dans l'histoire pour lesquels le corps est le siège d'un bien-être habituel, sans parler des jouissances promises par une culture hédoniste et permissive[1]. L'expérience de soi s'en trouve bouleversée, y compris l'expérience de l'esprit, par contrecoup. Psychologie aidant, celle-ci est désormais placée sous le signe de la difficulté intellectuelle, du tourment psychique et de l'échec moral. Il nous reste les plaisirs de la proximité corporelle pour nous consoler des épreuves de l'esprit. Que faire de savoirs qui « prennent la tête », dans un monde où l'aspiration primordiale est à être « bien dans sa peau » ?

1. Ce renouvellement de l'expérience corporelle est particulièrement bien situé dans deux ouvrages suggestifs : Michel Serres, *Hominescence*, Paris, Le Pommier, 2001 et Hervé Juvin, *L'Avènement du corps*, Paris, Gallimard, 2005.

Vers la recomposition

Face à un ébranlement de cette ampleur, on se laisse aisément gagner par le sentiment d'une fatalité historique dont il ne reste qu'à prendre son parti, dépassés que nous sommes par la puissance des ressorts à l'œuvre. Impression trompeuse, dont il importe au plus haut point de se déprendre. C'est sur cette méprise et, au-delà, sur la nature exacte des perspectives qui s'ouvrent devant nous, que nous voudrions conclure.

Cette métamorphose des conditions de l'éducation nous jette, en réalité, au milieu d'un champ de contradictions sourdes, dont il s'agit de dresser la carte et de prendre la mesure. Elles ne nous laissent d'autre choix que l'action, agissantes qu'elles sont. Ou nous nous laissons ballotter par elles, ou nous nous saisissons des prises et ressources qu'elles nous offrent. Convenablement appréciées et répertoriées pour ce qu'elles sont, osera-t-on suggérer, ces contradictions permettent d'envisager une stratégie de reconstruction à la hauteur du défi lancé par cet éboulement des fondations.

Nous n'avons pas affaire à un problème pédagogique qui pourrait être réglé par l'ajustement des méthodes, ni même à un problème simplement scolaire ou éducatif. Il se pose dans l'école, mais il déborde infiniment son cadre. Il ne procède de rien d'autre, en dernier ressort, que de l'approfondissement de l'orientation moderne. Celui-ci appelle, comme à d'autres étapes du déploiement de nos sociétés, un surcroît de réflexivité vis-à-vis des bases de l'existence collective. L'école fonctionnait grâce à un dispositif symbolique hérité que nous présupposions sans avoir à le questionner. Elle va désormais devoir construire ses propres conditions de fonctionnement, et elle ne pourra le faire sans le concours exprès de la communauté des citoyens. C'est du travail délibéré de la collectivité sur elle-même que l'entreprise relève. Ce qui allait implicitement de soi va devoir être explicitement voulu. Il va falloir le produire en conscience et l'établir au moyen d'un consensus rationnel.

L'entreprise est de l'ordre du possible parce qu'elle dispose de solides points d'appui. Ceux-ci lui sont fournis, précisément, par les contradictions auxquelles se heurte la métamorphose en cours. Ces butées constituent autant de leviers d'un processus de recomposition. On les retrouve sur tous les fronts où l'analyse de la décomposition actuellement à l'œuvre a été conduite.

Nous ne pouvons nous passer du passé. Il a beau ne plus s'imposer à nous comme tradition, il n'en continue pas moins de nous définir et de nous déterminer ; il nous domine d'autant plus que nous tendons à l'ignorer, et nous ne pouvons pas ne pas identifier en lui la source de cette part de nous-mêmes qui nous échappe. C'est justement cette incertitude identitaire, confusément mais profondément ressentie, qu'il s'agit d'exploiter. Elle justifie une démarche d'anamnèse dont le but est de comprendre en quoi le passé nous constitue – autrement dit, en quoi il vit en nous. Si, spontanément, de l'extérieur il se présente à nous comme mort, il conserve une vitalité secrète, au-dedans de nous-mêmes, à partir de laquelle il est possible de rebâtir une relation sensée avec lui. Ce foyer d'interrogation au sujet de nous-mêmes est l'âme potentielle d'un rapport au passé qui représenterait l'équivalent de la tradition, tout en fonctionnant aux antipodes de la tradition, puisque le mouvement, ici, ne va pas du passé vers le présent, mais du présent vers le passé, et qu'il consiste à questionner, non à recevoir.

L'anticipation est inévitable dans l'entreprise éducative. Il est vain de prétendre y échapper. L'histoire du monde ne recommence pas avec chacun de nous, et si nous devions pour de bon refaire le trajet pour notre compte, nous serions morts avant d'avoir commencé à vivre. La précédence est une contrainte constitutive de l'expérience humaine. Elle est ce qui justifie l'éducation, en tant que raccourci vers le présent et rattrapage accéléré des acquis de l'aventure humaine. Elle est en même temps son problème opératoire, puisqu'elle a à former un individu existant par lui-même, dont il est certain qu'il ne maîtrisera bien que ce qu'il a construit par ses propres moyens. Il ne sert donc à rien de prétendre lui inculquer ces acquis, dont il est tout aussi impossible de lui épargner l'antériorité, avec ce qu'elle implique d'obligation à s'en saisir. C'est entre ces deux termes extrêmes que l'art pédagogique est condamné à se mouvoir. Il lui appartient de rechercher le moyen terme entre ces dimensions également incontournables, avec les exigences opposées qui s'y attachent. Permettre l'appropriation personnelle, du côté de l'élève, tout en lui rendant sensible et intelligible cette précédence des savoirs qui s'imposent à lui : la quête de ce difficile équilibre est ce qui pourra donner sa pleine justification à la fonction médiatrice de l'enseignant.

L'humanité est culturelle ou n'est pas. Notre aspiration au naturel est elle-même un produit de culture ; nous ne pouvons la prendre à la lettre sans nous engager dans un reniement auto-destructeur. L'expression authentique est la chose du monde la plus difficile à atteindre ; elle est le fruit de l'art, en aucun cas de la spontanéité. Notre société, du reste, continue d'en témoigner à sa façon : elle n'a dévalué la mise en forme du discours et des rapports interpersonnels que pour renforcer ses exigences, par ailleurs, en matière de travail sur les corps et sur les apparences – non sans rendre plus vive encore, ce faisant, l'épreuve du regard d'autrui. Cet impératif esthétique montre à quel point le sens de l'artifice culturel continue de travailler un monde qui croit s'en détourner. C'est de cette latence qu'il faut se saisir pour lui procurer de nouvelles expressions.

Nous avons à devenir des individus, et nous ne pouvons y parvenir qu'au moyen du savoir, dans quelque registre que ce soit. Être reconnu comme individu en droit, loin de se dispenser de cet effort, ne fait que le rendre plus indispensable. C'est ce que révèle, *a contrario*, le supplice de Tantale auquel sont promis nos « nouveaux individus », pourvus d'emblée d'une liberté qui tend à les priver des moyens de son exercice. Il sera difficile de le méconnaître indéfiniment.

Autour de chacun de ces points, par conséquent, une démarche de recomposition critique est concevable, qui recréerait sur un mode inédit, en conscience, ce sens collectivement reçu des savoirs qui s'est dérobé dans ses bases traditionnelles. La tâche promet d'être rude ; elle s'annonce de longue haleine, à l'évidence. Du moins la direction dans laquelle aller paraît-elle claire.

Annexe 1

La question du sens dans les enseignements littéraires

Les disciplines littéraires sont parmi les plus touchées par le phénomène de la perte de sens. Une enquête récente le met en évidence : l'enseignement de la langue et de la littérature est un de ceux qui suscitent le moins chez les élèves « l'envie de découvrir et d'apprendre »[1]. Chez les élèves de onze à dix-huit ans, il arrive en dixième position, loin derrière le sport et la musique, mais aussi derrière les nouvelles technologies, l'histoire, la géographie et même la psychologie. Un jugement corroboré par les réponses des parents, encore plus négatifs que les élèves et, comble du comble, un jugement ratifié par les enseignants, qui se montrent tout juste un peu plus positifs que les élèves et les parents.

Cette désaffection laisse songeur. Elle donne la mesure

1. Enquête TNS-Sofres, octobre 2003, *in* Alain Bentolila (dir.), *Le Goût d'apprendre*, Paris, Nathan, « Les Entretiens Nathan », 2004. La littérature recueille 10 % de réponses positives chez les élèves, 8 % chez les parents et 14 % chez les enseignants.

du problème posé. Elle montre, s'il en était besoin, qu'il y va, dans cette crise du sens, d'une crise de l'idée même d'éducation. Quand, en effet, on ne sait plus pourquoi ni comment apprendre à parler, à raconter ou à exposer, c'est qu'on ne sait plus pourquoi éduquer et ce que veut dire éduquer en général.

Cet enjeu névralgique – l'accès à la maîtrise du langage parlé et écrit – explique sans doute l'extrême difficulté qu'il y a simplement à poser le problème et à en démêler les données. C'est sur ce terrain que la querelle des « républicains » et des « pédagogues » a exercé ses effets les plus ravageurs.

L'intempérance des réformateurs s'est déployée dans toute son ampleur sur ce front électif de la lutte contre la « culture bourgeoise ». Je ne mentionne que pour mémoire la bataille de la « lecture globale », dont il faudra bien quelque jour parvenir à dresser un bilan sincère. A suivi une bataille des « nouveaux programmes », élaborés en fonction du souci, précisément, de redonner du sens à l'enseignement de la langue et de la littérature, et dont force est de constater qu'ils se sont montrés remarquablement contre-productifs. À l'opposé de leurs louables intentions, ils ont achevé d'obscurcir le mode opératoire d'un enseignement dont il reste vrai, cela dit, qu'il peinait à faire valoir ses modalités traditionnelles[1].

C'est la limite des critiques « républicaines ». Si justes que soient leurs dénonciations des absurdités auxquelles ont conduit des préoccupations pédagogiques mal comprises, elles laissent entier le problème initial. Celui-ci n'a pas disparu pour avoir fait l'objet de mauvaises réponses.

1. Sur cette controverse, voir les contributions rassemblées sous le titre « Comment enseigner le français », *Le Débat*, n° 136, mai-août 2005.

Il existe. Il se concentre autour de la place à faire à la littérature et de la manière de l'utiliser. Or il n'est pas sûr que la défense inconditionnelle du « don des morts », selon la parlante expression de Danièle Sallenave, fournisse une réponse plus adéquate.

Il faut se demander : *pourquoi la littérature ?* On ne peut échapper à la question. Là-dessus, les réformateurs ont raison. Il est vain de se voiler la face, le sens de l'enseignement de la littérature fait aujourd'hui question. Cette question doit être affrontée sans tabou ni préjugés. Est-ce l'objet littéraire en tant que tel qui est en cause, ou bien une certaine littérature ? Est-ce sa fonction en général qui est atteinte, ou bien une certaine façon de la mettre en œuvre ? En tout cas, l'interrogation sur la justification de cet enseignement ne saurait être éludée.

Il faut remonter à sa raison d'être et à son présupposé fondateur : la littérature, parce que le meilleur moyen d'apprendre à bien s'exprimer, à parler clairement, à écrire convenablement, consiste à se frotter aux modèles d'excellence en la matière dont elle constitue le réservoir. La littérature, parce que sa fréquentation assidue permet de se pénétrer de ses exemples.

Ce présupposé est-il fondé en général ? Est-il toujours valide ? Continue-t-il de s'appliquer aux publics de l'école actuelle ? Correspond-il non seulement au caractère de masse de ces publics, mais surtout à l'état civilisationnel qui est le leur ? Est-il possible de lui redonner une signification vivante, adaptée au nouveau contexte social où il intervient, ou bien a-t-il irrémédiablement perdu le rôle historique qui a été le sien ?

Il faut commencer par rappeler, en effet, que cet enseignement n'est pas éternel. Il résulte, tel que nous l'avons connu en France, d'une première démarche de modernisation, qui se voulait déjà une réponse à la question du sens. Pour résumer, il s'est substitué à un enseignement dénoncé comme mécanique qui, dans le secondaire, était dominé par la rhétorique. Le système, plus largement, reposait sur trois pieds : la grammaire, et l'insistance sur la connaissance des règles dans le maniement des langues ; les langues anciennes, et le culte du modèle intemporel d'humanité qu'elles étaient supposées véhiculer ; l'éloquence enfin, avec le rôle social et culturel qu'elle était censée remplir. Le système a été attaqué sur trois fronts : pour l'artifice de cet emploi extérieur des règles dont il s'agit essentiellement d'acquérir le sens instinctif ; pour l'archaïsme d'un modèle fermé aux conquêtes de l'esprit moderne ; pour son inadéquation aux nouvelles normes du mécanisme social. Tous défauts auxquels le contact direct avec la littérature allait remédier, pensait-on, en réintroduisant la vie, les sentiments, bref l'homme total, dans un enseignement menacé par l'irréalité. Il est utile de s'en souvenir, non seulement pour éviter de se fixer sur de fausses permanences, mais aussi parce que nous nous retrouvons, à propos de cette littérature hier jugée salvatrice, dans une situation comparable. Elle est semblablement sur la sellette pour cause d'artificialisme, de distance à la réalité vécue, d'inadaptation à la demande sociale.

On mesure le chemin parcouru, à cet égard, lorsqu'on remonte aux espoirs initialement investis dans l'immersion littéraire. Voici comment s'exprime, par exemple, l'article « Littérature » du *Dictionnaire de pédagogie* de Ferdinand Buisson, en 1911 : « Il est communément accepté que les lettres seules, dans l'enseignement, sont efficaces pour l'éducation [sous-entendu, par opposition à l'instruction], en ce que seules elles éclairent, développent, forment les sentiments, autrement dit, seules parlent au cœur. Quant à la formation de l'esprit, par l'instruction, elles partagent avec les sciences ; mais à bien considérer, la part principale leur revient[1]. » L'argument en faveur de cette précellence est que les lettres sont plus proches du « fonctionnement naturel de l'esprit ». Aussi n'est-il pas d'exercice plus important que l'analyse littéraire par laquelle le maître attire l'attention de l'élève sur « le rapport de construction de la phrase [avec] le mouvement de la pensée [ou] l'effort de sentiment ». Le commerce des œuvres et le travail de l'expression font ainsi se rejoindre l'exigence du vrai, le sens du beau et l'appel du bien, de telle sorte que le « sens littéraire » et le « sens moral » se forment de concert – ils sont inséparables l'un de l'autre. Voici en quoi l'enseignement des lettres constitue une véritable « école d'humanité »[2].

Il est clair que personne aujourd'hui, parmi les plus fervents défenseurs des vertus de l'enseignement délivré par la littérature, n'oserait affirmer de pareilles ambitions. Sans doute est-ce la nouveauté de notre situation : l'enseignement littéraire est rattrapé par les maux auxquels il était censé remédier, mais nous n'avons pas à notre disposition, comme dans les années 1900, un modèle alternatif plausible. Ce qui nous oblige à poser le problème avec davantage de radicalité. Nous n'avons pas d'autre choix que de le reprendre à la racine. Que veut dire au juste apprendre l'usage de la langue et de l'expression ? Avant de parler de ses moyens, c'est sa signification qu'il s'agit

1. Article d'Émile Marguerin *in* Ferdinand Buisson (dir.), *Nouveau dictionnaire de pédagogie*, Paris, Hachette, 1911, p. 1042-1045.
2. *Ibid.*

d'établir. Et pour ressaisir celle-ci, ce sont les raisons pour lesquelles elle s'est obscurcie qu'il faut circonscrire.

Une royauté découronnée

Sans prétention à l'exhaustivité, cinq facteurs nous semblent plus particulièrement responsables de cette déperdition de sens de l'enseignement de la langue et de la littérature. Ils viennent d'horizons différents, ils empruntent à des registres hétérogènes, mais ils exercent des effets convergents.

1. Le premier est interne à l'enseignement. Il relève du phénomène de détraditionalisation dont on a analysé plus haut les tenants et les aboutissants généraux. Il a eu un impact spécialement fort dans ce domaine. L'enseignement littéraire s'est montré plus traditionnel que les autres, en effet, par sa nature et ses motifs mêmes. À certains égards, il a représenté un conservatoire de l'apprentissage à l'ancienne. Il était à base de familiarisation avec les grands exemples ; il reposait sur l'imprégnation de la manière des maîtres, manière qu'on célébrait davantage qu'on ne cherchait à la comprendre. Aussi n'y a-t-il pas lieu de s'étonner que la distance qui s'est creusée avec le passé ait eu des conséquences particulièrement déstabilisatrices pour une pédagogie qui vivait sur l'autorité des modèles hérités et la vertu supposée du commerce avec eux. Il est parfaitement intelligible, dans ce contexte, que cet enseignement ait été saisi par une exigence de réflexivité supérieure quant à ses objectifs et ses modalités. Il était désigné pour être l'un des lieux où le problème de savoir quoi transmettre et comment allait se poser avec le plus

d'acuité. Il ne s'agit que d'aller au bout de ces exigences réflexives, en se délivrant des fausses réponses qui lui ont été apportées dans un premier temps et en revenant aux objectifs de base, aussi librement que possible. Quelles sont ici les finalités poursuivies ? Elles se ramènent à deux : apprendre à s'exprimer et apprendre à comprendre – comprendre les autres et comprendre les textes où se fixe l'exigence réflexive et où se dépose le savoir. Jusqu'à quel point cette tâche suppose-t-elle le concours de la littérature ? La question doit être affrontée sans fétichisme. Ce qui est sûr, c'est qu'il n'est plus possible de compter sur une culture de l'admiration et de l'imitation pour remplir cet office. Simplement, les outils réflexifs capables d'opérer la relève d'une magie de la tradition qui n'opérera jamais plus sont entièrement à construire.

2. Il n'est pas possible de faire abstraction du facteur extérieur que représente l'image sociale de la littérature. L'autorité de l'enseignement littéraire reposait sur le prestige immense dont jouissait la littérature et sur les pouvoirs qu'on lui prêtait. Elle faisait l'objet d'un véritable culte social où conservateurs et révolutionnaires communiaient dans la même ferveur, même si c'était à partir de motifs différents. La littérature apparaît aujourd'hui comme une reine découronnée. Elle a subi de plein fouet l'ébranlement de la religion de l'art qui a accompagné l'affaissement des religions politiques. Pour des raisons qui seraient à élucider, son statut en a été plus affecté que celui des autres arts. Sa sécularisation est allée plus loin. Le formalisme a été le discours d'escorte de ce désenchantement. Celui-ci se traduit exemplairement, comme il est normal, dans les deux branches où cette imprégnation sociale avait ses expressions les plus

manifestes : la magie du verbe poétique n'opère plus, et la ferveur communielle de la liturgie théâtrale s'est éteinte. Nous n'avons plus ni sorciers du mot, ni célébrants du mystère profane de la représentation partagée.

Mais au-delà de ces désacralisations spectaculaires, que reste-t-il, en vérité, aux yeux des contemporains, des pouvoirs de connaissance si généralement prêtés, jadis, à la littérature ? Est-ce encore par elle que passe la connaissance de l'humanité, comme le voulait la sagesse des modernes ? Poser la question, c'est y répondre. De fait, elle n'est plus l'école des sentiments des jeunes générations, qui ont à leur disposition une offre de fictions audiovisuelles surabondantes où elles vont puiser de préférence leurs modèles. Mais indépendamment de ce rôle fonctionnel, qui crédite encore la littérature d'être le laboratoire de l'analyse psychologique ? Freud est passé par là, avec quelques autres, et l'on ne voit pas que les écrivains aient relevé le défi. Quel auteur incarnerait une pénétration supérieure des replis du psychisme ? Dans une autre veine, là où Balzac instruisait Marx, de son propre aveu, quel visionnaire de la société actuelle pourrions-nous avantageusement opposer au discours ordinaire de la science sociale ? Ce n'est pas nécessairement le dernier mot de l'histoire, mais il faut bien enregistrer, en l'état actuel des choses, un déclassement considérable subi par la connaissance littéraire, qui ne peut pas ne pas retentir sur son statut scolaire. Il lui reste l'art de la narration, ce qui n'est pas rien dans une société en train de redécouvrir le pouvoir des récits, mais ne se compare pas à ses prestiges d'antan.

3. Mais le plus atteint dans la littérature n'est peut-être pas tant son statut social que la fonction officieuse qu'elle

remplissait, et qui l'assurait de sa position la plus solide, en réalité. Elle était notre principal instrument d'évasion, et c'est ce qui faisait sa force incomparable, en dernier ressort. C'est cette ressource majeure, bien qu'inavouée, qu'elle a perdu.

Sous cet angle, le cas de la littérature n'est qu'un cas particulier d'une crise plus générale de l'école en tant que haut lieu de l'imaginaire. C'était son arme secrète par excellence. Elle donnait à rêver. Derrière l'austérité des savoirs, se dissimulait le plaisir du songe. La carte la plus rébarbative invitait encore à voyager en pensée ; l'exactitude des dates et des faits ne les empêchait pas de servir de tremplin pour se projeter vers le passé ; les sciences elles-mêmes, à côté des contraintes du raisonnement et de l'expérience, parlaient des merveilles de la nature et des mystères du monde. La littérature n'était qu'un des supports parmi d'autres de cette fonction cachée, si ce n'est refoulée, à laquelle l'école devait pourtant l'un de ses plus puissants ressorts. Elle avait l'atout d'être l'un des vecteurs prioritaires de cette ouverture vers l'au-delà du présent qui empoignait les esprits avec une vigueur qu'aucune « ouverture sur la vie » n'atteindra jamais. Or il ne subsiste à peu près rien de cette capacité de mobilisation.

Il n'y a pas d'événement plus dramatique pour l'école d'aujourd'hui que la métamorphose des modalités de fonctionnement de l'imaginaire entraîné par la consécration de l'image. L'imaginaire a été capté par l'image ; il a été, d'une certaine manière, dévoré par elle. En tout cas, il a déserté le mot, hier son véhicule par excellence, dont la faculté d'évocation s'est littéralement effondrée. Pour ce qui continue en lui d'excéder l'image, il s'est réfugié notamment dans l'infigurable de la musique. Mais l'écrit, lui, s'est littéralement aplati ; sa dimension imaginative s'est érodée. Voilà ce qui a achevé de priver l'enseignement littéraire d'une grande part de sa séduction.

4. Il faut en outre faire la part, dans cette perte de crédit, d'un phénomène d'ordre anthropologique, qui se laisse résumer sous le concept de *désidéalisation*. La littérature, à l'instar des autres arts, mais sur un mode plus quotidien, plus familier, avait pour fonction de produire de l'idéal, de mettre en scène les individualités et l'humanité, de leur offrir une représentation de soi à laquelle s'identifier. Ce rôle projectif a été grandement altéré. Les attentes en la matière ont essentiellement changé, sans forcément disparaître. Elles ont connu un saut comparable à celui qu'a connu la rhétorique. La littérature s'est imposée pour son naturel contre les artifices de l'éloquence. Elle est rattrapée aujourd'hui par la même objection. Elle se voit taxée à son tour d'apprêt, de « prétention », d'excès d'idéalisation, en fait, dans la manière de présenter les personnes et les situations. L'évolution de la production littéraire en témoigne à sa façon, caractérisée qu'elle est par un tour de plus en plus prosaïque et intimiste, sous le signe du monopole du roman. Le recul du théâtre et de la poésie, mentionné plus haut dans une autre perspective, acquiert ici une signification supplémentaire. Ce sont consubstantiellement des arts de la distance, dont le dispositif même heurte l'exigence de proximité à soi typique de la conscience actuelle.

C'est pour cette raison que tant de textes du passé ont cessé de parler spontanément à nos contemporains. Aucune image de soi ne trouve plus à se projeter sur cette scène dont la somptuosité est devenue dissuasive. Ces œuvres relèvent désormais du patrimoine sur lequel on est content de pouvoir compter, mais qu'on ne songerait pas à habiter. Il est vain, en tout cas, de vouloir en faire la base d'un commerce formateur. Elles forcent éventuellement l'admiration, mais elles n'apprennent rien de ce qu'on peut avoir envie de savoir. D'autres œuvres, en revanche, sont toujours susceptibles de faire modèle. Elles entrent en consonance avec la quête de l'image de lui-même que poursuit l'individu privé d'aujourd'hui – car il y toujours un détour de l'image à emprunter. L'évolution du goût savant l'illustre aussi bien. Qui, parmi les plus fins lettrés, s'enchante encore du *Génie du christianisme*? Les *Mémoires d'outre-tombe* n'ont jamais autant fait recette, en revanche. Correspondances, autobiographies, journaux intimes accèdent à la pleine dignité littéraire. Les leçons de ce déplacement sont à tirer à tous les niveaux. Le canon scolaire est à redéfinir.

5. Nous avons gardé pour la fin le facteur le plus puissant de désinvestissement du littéraire. Il est extérieur au domaine tant de l'enseignement que de la littérature, à la différence des précédents, mais il les bouscule d'importance l'un comme l'autre, puisqu'il tend à les décréter également d'inutilité. Il est social. Il réside dans le *mythe de l'expression*, qui s'est greffé sur les derniers développements de l'individualisation. Il vient de loin, puisqu'on peut en faire remonter les sources à Rousseau et à Herder[1], mais c'est tout récemment qu'il a pris une portée opératoire sans commune mesure avec ses expressions antérieures, en détachant l'entente sociale du discours de l'élément de la relation avec les autres, pour la loger dans

1. Charles Taylor a bien éclairé la racine de cet « individualisme expressif » dans *Les Sources du moi. La formation de l'identité moderne*, Paris, Seuil, 1998.

l'*expression* de soi. De l'intercompréhension, la priorité s'est déplacée vers la manifestation du singulier. Cela dans le contexte du *naturalisme* contemporain, déjà décrit par ailleurs, qui voit l'homme comme doté primitivement de tout ce qui lui est indispensable pour exister, et comme menacé de dénaturation par les artifices de la civilisation. Il s'ensuit un culte de l'immédiateté, de la spontanéité et de l'authenticité qui place l'expression de l'originalité personnelle sous le signe de la coïncidence idéale de soi avec soi. Coïncidence dont les ennemis sont le code, la convention, les formes socialement admises qui trahissent par définition l'unicité de ce qu'il s'agit de manifester.

La littérature, dans ce cadre, avec ses exigences de bien-dire, fait figure d'univers artificiel sans le moindre rapport avec l'acquisition de la confiance dans l'expression de soi qui doit être l'objectif premier de l'éducation. L'idée d'un enseignement elle-même devient problématique, au regard de cette capacité d'être soi-même qu'il s'agit de conforter.

Si nous avons terminé sur cette mythologie à la fois diffuse et omniprésente, c'est aussi pour la butée qu'elle fait ressortir. On ne peut imaginer de vision plus fausse, en effet, de ce que parler veut dire et du problème humain de l'expression – tellement l'erreur est manifeste. C'est de cette contradiction flagrante avec les données élémentaires de notre condition qu'il faut repartir. Elle ouvre une piste. L'éclaircissement de la situation de l'être parlant et écrivant nous assure d'un sol ferme pour reconstruire le sens de l'enseignement de la langue et de la littérature.

S'il nous faut impérativement apprendre la langue, c'est parce que, contrairement à ce que nous raconte le mythe de l'expression, nous ne savons spontanément rien dire. Nous avons, certes, l'usage naturel de la parole, mais nous ne savons pas naturellement parler.

Un écrivain d'aujourd'hui, François Taillandier, a merveilleusement rendu cette insécurité linguistique qui est notre condition native : « La plupart du temps, nous parlons faux, nous parlons mal, nous parlons à côté. Nous disposons du langage, et ne faisons qu'y patauger. Sitôt une parole proférée, nous sentons qu'elle laisse en route une bonne partie de ce que nous aurions voulu la charger. Lapsus, approximations, dérives ; c'est toujours à refaire[1]. » Nous sommes, avec le langage, en relation d'incertitude. La première expérience que nous en faisons est celle de l'échec. Il faudrait décrire de quels drames intimes cela se paie, de quels renoncements ; il faudrait décrire aussi par quels choix du conformisme cela se surmonte – il reste toujours l'issue de parler comme tout le monde, à coups d'expressions toutes faites.

Voilà pourquoi il y a de la littérature, ultimement. Ce qui fait les écrivains, c'est le sentiment de ce drame du langage qui se prête aussi, écriture aidant, à un patient travail de rectification et de modelage. Au rebours du cliché, les écrivains ne sont pas ceux qui savent s'exprimer, qui ont reçu en partage le don du discours, mais ceux qui ont le sens de l'infirmité d'origine de la parole, en même temps que le désir d'y échapper, ceux qui ont le discernement du formidable travail sur le discours spontané qui permet de le soustraire à l'approximation

1. François Taillandier, *Une autre langue*, Paris, Flammarion, 2004, p. 97.

ou au dévoiement – « ce n'est pas ce que je voulais dire » –, moyennant correction, construction, artifice, seuls à même de produire une parole qui sonne juste.

S'il y a du sens à la littérature, c'est au titre d'abord de ce labeur pour remédier à la défaillance constitutive de la parole et pour aboutir, au second degré, par rapport aux usages imparfaits auxquels nous sommes quotidiennement condamnés, à une expression qui réussit – la réussite comportant d'innombrables degrés. François Taillandier, de nouveau, le formule avec bonheur, à propos du théâtre classique en l'occurrence. La littérature fascine, dit-il, en ceci qu'elle offre le spectacle étonnant d'« une parole qui, au moins provisoirement, parvient à délimiter son objet et son dire, une parole qui *s'en sort*[1] ». Elle met en scène une réussite qui nous est ordinairement inaccessible, grâce à une parole séparée, relevant ni plus ni moins d'une « langue étrangère instaurée dans l'espace de la langue spontanée[2] ».

Les voies du sens

Si l'on s'accorde sur les termes de cette analyse, il est possible d'en tirer une série d'importantes conséquences pratiques. Nous en retiendrons cinq, de nouveau, qui paraissent plus particulièrement s'imposer, sans plus de prétention à l'exhaustivité qu'auparavant.

1. Si nous avons acquis le sens de cette imperfection irrémédiable de la parole, c'est en raison de l'objectiva-

1. *Ibid.*
2. *Ibid.*, p. 98.

tion de la langue qui se réalise par l'écriture, et qui autorise le retour réflexif sur l'expression spontanée. Dès lors que les énoncés sont fixés par écrit, l'autocritique et la bataille contre l'incorrection sont possibles. Toute correction est d'abord correction par rapport à soi, correction de la défaillance d'une parole première qui ne résiste pas à l'épreuve de l'écrit.

Cela signifie que l'on n'apprend à parler que dans la dialectique de l'oral et de l'écrit. Malgré tout, quelque chose du travail effectué pour se corriger à l'écrit finit par infuser dans l'usage spontané de la parole, en dépit de l'écart de registre et de la part incompressible d'improvisation précaire que l'oralité est vouée à conserver. Il n'est pas possible de faire l'économie de cette interaction. Cela y compris, et peut-être même surtout, en ce qui concerne l'usage public de la parole – celui qui suppose le plus, en fait, le concours sous-jacent ou l'étayage explicite d'une organisation écrite. Tout apprentissage qui croit pouvoir s'en tenir aux ressources de la parole vive, afin de contourner l'intimidation de l'écrit, s'égare. Il échouera à procurer au locuteur la sécurité sans laquelle il n'est pas de progrès.

2. Le dilemme qui a foudroyé l'enseignement de la grammaire est à revisiter dans cette perspective. Acquérir par l'usage ou apprendre selon les règles ? L'interrogation est légitime et pleine de sens. Il est exact, en effet, que nous apprenons spontanément à parler, dans un environnement d'êtres parlants, et que nous nous conformons spontanément aux règles de la grammaire. Celles-ci relèvent indéniablement à ce titre d'un automatisme inconscient. À ceci près que cet automatisme est loin d'être infaillible et que l'emploi de ces règles, en dépit du sens intuitif que nous en possédons, se montre fort

incertain et souvent défaillant. D'où la nécessité d'une correction consciente de l'automatisme grammatical, appuyée sur l'objectivation des règles. Autant il est certain qu'aucun discours ne se construit en allant des règles aux applications, contrairement à ce dont un intellectualisme abusif a pu entretenir le mythe, autant nous avons besoin de l'explicitation des règles pour nous en servir comme de béquilles.

Une spontanéité infirme : telle est la réalité de notre condition d'êtres parlants. Nous sommes condamnés à apprendre ce que nous savons déjà. D'où les illusions symétriques que nous n'avons pas besoin d'apprendre – le développement de l'usage suffit –, ou que la connaissance abstraite peut se substituer à l'usage. Il s'agit de dépasser une bonne fois ces impasses jumelles, en admettant franchement l'ambiguïté que toute pédagogie est vouée à gérer dans ce domaine. Reste ensuite à définir la progression pertinente dans la connaissance de ces règles qui fournissent à la spontanéité un cadre dans lequel elle peut jouer plus librement.

3. Puisque nous ne pouvons vivre selon les règles, même si leur garde-fou nous est indispensable, et puisque nous ne pouvons compter sur une spontanéité infaillible, nous ne pouvons nous passer d'acquérir des automatismes. Le courant dominant de la pédagogie contemporaine a tendu à les disqualifier, au nom de l'exigence éminemment légitime en elle-même de compréhension. Et comment défendre, en effet, la stérilité mécanique du rabâchage, l'ennui des exercices routiniers ? Le malheur est que ces proscriptions sur lesquelles l'accord se fait aisément sont loin d'épuiser le problème. Un peu de sagesse éloigne des automatismes, beaucoup y ramène.

L'aisance dans le maniement de la langue, et plus encore à l'écrit qu'à l'oral, ne s'acquiert qu'au prix d'un entraînement intensif, où la répétition joue, hélas, un rôle irremplaçable. Mieux, la disposition d'une riche mémoire textuelle remplit une fonction facilitatrice manifestement incomparable.

Enlevons l'inculcation autoritaire et le style disciplinaire, autrement dit, il reste à bâtir le socle sans lequel la liberté réfléchie de l'expression ne peut se déployer. L'appel à l'intelligence ne peut pas se dispenser de la construction de cette part mécanique qui permet à l'intelligence de se démultiplier. S'il faut rendre la démarche aussi compréhensible que possible, on ne saurait s'en priver sans mutiler l'instrument de compréhension que l'on prétend servir.

4. Ces principes généraux sur ce qui donne sens à l'enseignement de la langue et de la littérature laissent entière, nous l'avons plusieurs fois souligné, la question des modalités. Ils ne permettent pas de trancher, par exemple, la question de savoir quelle littérature enseigner et comment. Nous voudrions plus particulièrement insister sur ce point, parce qu'il est tentant de tirer du principe une application qui nous semble abusive. C'est à cette pente que s'abandonne François Taillandier. Sur la base d'une idée juste, il se débarrasse avec trop de désinvolture d'une difficulté qui n'a pas l'inconsistance qu'il lui prête : « Rien de plus périlleux, rien qui doive davantage mobiliser la riposte que l'opinion (parfois admise, hélas, de bonne foi) suivant laquelle la langue de Rabelais ou celle de Molière, ou les mœurs amoureuses de *La Princesse de Clèves*, seraient "trop loin" du langage ou des manières de voir des "jeunes d'aujourd'hui" et "ne

correspondraient plus" à "leur expérience". C'est justement cet éloignement qui est indispensable, qui est fécond et qui rend libre[1]. » Même en admettant la thèse en règle générale, il est permis de se montrer plus prudent dans les conséquences à en tirer. Soit, c'est la distance au discours ambiant qui rend la littérature indispensable. Encore faut-il avoir acquis le sens de la différence des deux registres, lequel demande à être éveillé. Une fois que l'on possède l'entente de cette plénitude de l'expression vers laquelle tend le discours littéraire, par opposition aux carences du discours ordinaire, la différence des contextes historiques est aisément relativisée au regard de cette distance autrement importante entre l'artifice d'une langue sûre et les incertitudes de la parole quotidienne. Mais on ne peut pas prendre un point d'aboutissement pour un point de départ. Il faut entrer dans le jeu ; il faut d'autant plus y entrer que sa valorisation sociale s'est brouillée. Or il y a des entrées plus adéquates ou directes que d'autres, il serait absurde de ne pas le reconnaître. Il convient donc de les chercher sans préjugés, à distance égale de la démagogie misérabiliste et de l'élitisme aveugle. Il ne s'agit pas de tendre aux nouvelles générations un miroir de leur expérience, puisque l'objectif est de les en désenfermer, mais il ne s'agit pas pour autant de l'ignorer, comme si elle ne constituait pas l'ancrage de toute projection possible au-delà de son cercle. Quelles sont les œuvres, quelles sont les usages du discours oral ou écrit les mieux à même aujourd'hui de rendre sensible ce hiatus qui ouvre le discours, par le dedans, à la perspective de son propre

1. *Ibid.*, p. 105

progrès ? La discussion mériterait d'être menée hors des *a priori* qui l'ont jusqu'à présent paralysée.

5. Nous pointions plus haut le paradoxe qu'il y a à ce que les enseignements littéraires se retrouvent en mauvaise posture au moment où le récit jouit d'une vitalité sociale inégalée. Il n'y a plus que lui qui parle, spontanément. Il est la voie royale du sens, pour les contemporains. Le retombées du phénomène s'observent jusque dans le champ des enseignements scientifiques où l'évidence démonstrative se voit battue en brèche par l'attraction narrative. Il faut raconter pour mobiliser.

Cette consécration n'offre-t-elle pas une piste ? Cette force du récit ne pourrait-elle pas être une planche de salut pour un enseignement littéraire renouvelé ? L'art de bien dire a toujours éclipsé l'art de raconter, dans le canon scolaire. Le champ littéraire partage cette hiérarchie de valeurs, à tel point que les avant-gardes formalistes ont purement et simplement expulsé la narration de « l'écriture » digne de ce nom. L'art du récit s'est réfugié dans les genres populaires, le policier, la science-fiction ; il s'est transporté dans la fiction cinématographique et télévisuelle. L'heure n'est-elle pas venue de reconsidérer cette hiérarchie dans le champ scolaire et de rendre au récit une place à la hauteur de sa primauté structurante dans l'imaginaire contemporain ? N'y a-t-il pas là une riche source de sens à capter ?

Comme quoi la crise du sens, sur ce terrain comme sur les autres, n'est pas la fin du sens, si difficile que s'annonce le travail de recomposition.

Annexe 2

La question du sens dans les enseignements scientifiques

Les élèves, dit-on, n'ont plus le désir d'apprendre, car ils ne perçoivent pas le sens des connaissances transmises à l'école. La tâche prioritaire de celle-ci serait désormais de *donner le goût ou le sens* de ces savoirs dont l'acquisition pose problème, et de constituer une sorte de passerelle vers la possibilité même d'apprendre. Les réformes concernant l'enseignement des sciences sont une illustration parlante de ce nouveau souci. Face à ce qui est une espèce de disparition de l'appétence vis-à-vis des savoirs, on demande à l'école de stimuler la curiosité, de trouver les moyens divers et variés d'intéresser les élèves alors que le problème est peut-être ailleurs. Mais quel est-il au juste ? Tel sera l'objet de notre interrogation.

Les férus d'étymologie pourraient rappeler qu'à certaines époques l'expression « goût des savoirs » n'était rien d'autre qu'un pléonasme. *Sapere*, dans le latin populaire, signifiait « avoir du goût » (et, par extension, sentir par le sens du goût, puis « avoir de l'intelligence, du jugement »). Alain Rey, dans son *Dictionnaire historique de la langue française*[1], repère jusqu'au XIVe siècle des occurrences de cette acception du savoir comme « saveur ». Les choses ont bien changé et cela ne date pas d'hier. L'aboulie, ou inappétence pour l'étude, traverse les réflexions pédagogiques depuis les écoles du Moyen Âge. Et l'école républicaine, si vantée par certains, ne fut pas en reste. Le best-seller publié en 1893 par le grand inspecteur et philosophe Jules Payot, *L'Éducation de la volonté*, commence par un chapitre intitulé « L'aboulie, le mal à combattre ». L'auteur s'en prend, entre autres choses, aux conditions de la vie moderne, « qui portent à l'éparpillement de l'esprit à un degré qu'on pourrait difficilement dépasser. La facilité des communications, la fréquence des voyages dissipent notre pensée. On n'a même plus le temps de lire. On vit d'une vie à la fois agitée et vide[2] ». Toutes ses analyses, ainsi que les conseils pratiques (« Ta seule aide est en toi [...], il faut organiser l'entraide, apprendre la concentration, ordonner son temps... ») donnés dans le livre qui se présente comme une suite du premier sont toujours d'actualité[3]. Les conditions du travail intellectuel, puisque c'est ainsi qu'il faut bien qualifier l'activité scolaire, n'ont pas vraiment changé. Mais le monde, lui, s'est totalement transformé.

Avant d'entreprendre de redonner aux savoirs un sens qui n'apparaît plus, il convient d'analyser les composantes du milieu culturel, scientifique et technique dans lequel évoluent les élèves d'aujourd'hui, et qui ont sans

1. Alain Rey, *Dictionnaire historique de la langue française*, t. III, Paris, Le Robert, 1993.

2. Jules Payot, *L'Éducation de la volonté* [1894], Paris, Félix Alcan, 1928 (27e édition), p. 9.

3. Jules Payot, *Le Travail intellectuel et la volonté*, Paris, Félix Alcan, 1919.

doute quelques répercussions sur leur rapport au savoir. Non pas – est-il besoin de le dire ? – pour déplorer l'apparition d'une culture de masse largement façonnée par les médias. Traversée par les nouvelles technologies de l'information et de la communication, la vie quotidienne d'un jeune contemporain multiplie les occasions d'ouverture au monde et de communication entre pairs. On peut toutefois, sans vouloir jouer les trouble-fête, se demander si elle ne rend pas plus difficiles, et surtout plus incompréhensibles, les activités proprement scolaires. On a vu des parents reprocher à un maître chevronné d'enseigner la géographie à l'école primaire, au motif que « les enfants apprennent le monde de manière plus attrayante et plus efficace avec la télévision ». Que dire alors du sens que peut avoir cet enseignement pour leurs enfants ? Comment les uns et les autres peuvent-ils saisir les raisons d'apprendre les différents modes de représentation de l'espace, les échelles, les codes, les légendes et dénominations ?

Il n'est plus nécessaire de mettre en évidence les immenses apports de ces nouvelles technologies. Mais faut-il pour autant demeurer aveugles aux difficultés qu'elles engendrent ? Il resterait à faire l'analyse précise de ces difficultés, si nous voulons être en mesure de les affronter efficacement. Il se pourrait que ce qu'il est aujourd'hui convenu d'appeler, en soulignant son aspect inquiétant pour l'avenir, « la désaffection des jeunes à l'égard des sciences », illustre de manière exemplaire ces difficultés, même si la racine du phénomène est beaucoup plus profonde et rejoint à bien des égards les constats présentés plus haut. Les jeunes se détournent aujourd'hui des études et carrières scientifiques. Comment comprendre cette « désaffection » ?

Les données de la désaffection

Il faut d'abord établir un diagnostic précis de la situation présente. Des rapports internationaux alertent sur les difficultés du renouvellement des cadres de la recherche et de l'industrie aussi bien que sur le tarissement prévisible du recrutement d'enseignants pour les disciplines scientifiques. En France, depuis quelques années, ces rapports donnent à la situation des allures alarmantes et soulignent son impact sur l'ensemble de l'économie : « Dans une économie qui a vocation à devenir une économie de l'intelligence, les compétences scientifiques et techniques seront au cœur des enjeux économiques et la force d'une nation se mesurera en nombre d'innovateurs, de chercheurs et de brevets déposés.[1] »

Le moins que l'on puisse dire est que, si le constat fait l'unanimité, l'interprétation du phénomène est multiple et les remèdes proposés souvent contradictoires. Il faut bien sûr faire la part des préoccupations corporatives de leurs auteurs. Quand les uns (biologistes) proposent des approches plus concrètes en cherchant à donner plus d'importance aux sciences expérimentales, les autres (matheux) attribuent à la « démathématisation » des programmes l'incapacité des élèves à se diriger vers quelque filière scientifique que ce soit. Il reste de manière générale que, au regard de l'attrait manifeste pour des disciplines qui permettent de « comprendre le monde » ou plutôt la réalité humaine et sociale (essor des sciences économiques et sociales, de la psychologie et la sociolo-

1. Rapport du Sénat de 2002.

gie), on pourrait penser que les sciences exactes souffrent d'une perte de sens. Il faut, disent tous les rapports, « rendre les sciences plus humaines » et les programmes plus attractifs.

Encore suppose-t-on qu'il y a accord quant aux finalités de cet enseignement, ce qui est loin d'être le cas, nous a-t-il semblé à la lecture des propositions de réforme. Que veut-on au juste : transmettre des savoirs constitués ? Former le raisonnement des élèves ? Initier les jeunes à des démarches et à des méthodes en les mettant en situation de recherche ? Donner le goût de la science ? Former de futurs savants (avec l'inévitable question de l'élitisme que cette option comporte tôt ou tard) ? Tout ceci en même temps, et dans une confusion qui n'est pas sans entraîner un certain erratisme dans les propositions de réforme. Ceux-là mêmes qui insistent sur la démarche vont privilégier le raisonnement et la méthode, avec l'aspect normatif que cela comporte (un professeur de mathématiques à l'université propose « d'enseigner les règles du syllogisme »). D'autres privilégieront le questionnement et le tâtonnement expérimental, quitte à s'éloigner des démarches en vigueur dans la science contemporaine et d'accroître le fossé tout aussi déploré entre les pratiques scolaires et la science qui se fait. D'autres encore insisteront sur la nécessité de montrer l'utilité des savoirs transmis et d'en rendre perceptibles les applications concrètes.

Il faut comprendre pourquoi les réformes, toujours destinées à donner du sens et à susciter un intérêt plus grand et plus partagé, produisent des effets contraires aux buts recherchés. Allant dans toutes les directions à partir d'interprétations contradictoires, elles se retournent contre elles-mêmes. L'objectif dominant, on ne s'en étonne pas, est celui de la démocratisation. Il s'agit de rendre les disciplines scientifiques accessibles au plus grand nombre. Mais on se heurte là à un aspect inédit de la démocratisation. Celle-ci doit-elle passer par le déni des aspects du savoir rendant problématique sa transmission au plus grand nombre ? Les sciences, rappelait Thomas Kuhn, ont un caractère ésotérique. La découverte ne sort pas de l'expérience, mais d'une rupture par rapport aux « paradigmes » en vigueur. Ce qui motive le savant est rarement l'utilité ou les applications éventuelles de ses travaux. En voulant démocratiser les sciences, les rendre plus attractives, on occulte la réalité de la démarche scientifique, et on présente aux élèves une image fausse de la science. En donnant la priorité aux sciences expérimentales, on prive les élèves des bases mathématiques dont ils auraient besoin pour être aptes à des études scientifiques. Certains experts pensent même que c'est ainsi que les élèves perdent le goût et le sens des mathématiques : « La démathématisation a frappé de plein fouet les populations les plus vulnérables vis-à-vis de l'enseignement scientifique supérieur », écrit l'un des rapporteurs.

Il y aurait comme une ruse de la raison réformatrice. Les intentions sont inattaquables. Toutes les réformes, élaborées par des commissions composées de spécialistes généreux et compétents, visent à remédier à des difficultés réelles. Mais les remèdes ne font souvent qu'aggraver le mal. Il faut explorer d'autres lignes d'interprétation.

Un changement dans la représentation de la science

La première piste est d'ordre socio-historique. On assiste aujourd'hui à une transformation du statut social des savoirs scientifiques. Cette situation doit être envisagée dans sa dimension historique, car le problème vient de très loin. La science moderne, celle de Galilée, de Descartes ou de Newton, comme le rappelle Alexandre Koyré, s'est instaurée en se séparant du monde de la vie, du sens, des valeurs. La disparition des hiérarchies qui ordonnaient le *cosmos* et la vie humaine s'est traduite par une division entre le monde de la quantité et le monde des perceptions sensibles, ce « monde dans lequel nous vivons, aimons et mourrons ». Dans l'univers de la science géométrique, l'homme cherche en vain sa place : « C'est en cela que consiste la tragédie de l'esprit moderne, qui a résolu l'énigme de l'Univers, mais simplement en la remplaçant par une autre : l'énigme de lui-même.[1] » En revanche, il est séduit par cette mathématisation de la nature qui accroît ses capacités d'appropriation technique et le rendent « maître et possesseur de la nature ». Le siècle des révolutions industrielles et du positivisme voit se développer un véritable enthousiasme pour la science, jusqu'à ce moment de 1900 où sont attaquées toutes les « entités à majuscules » – Science, Raison, Progrès. Depuis le constat de la « faillite de la science » jusqu'au pragmatisme relativiste d'un Richard Rorty aujourd'hui, en passant par Husserl et Heidegger (« La science ne pense pas »), quelque chose s'est passé qui a modifié l'intérêt à leur égard. C'est peu dire qu'on en a fini de la « religion de la science ». Les notions de vérité et d'objectivité sont frappées de décroyance. L'univers de la technique est emporté dans le même soupçon, perçu qu'il est en outre comme le responsable de tant de crimes et de dégradations. Sans parler de l'assimilation avancée ici et là entre savoir et pouvoir, non pas pouvoir sur les choses mais

1. Alexandre Koyré, *Études newtoniennes*, Paris, Gallimard, 1968, p. 21.

pouvoir comme domination. La science aurait définitivement perdu ses attraits.

Cette interprétation mérite cependant d'être nuancée. Les enquêtes d'opinion montrent que le public d'aujourd'hui plébiscite la science. Un succès comme celui de « L'université de tous les savoirs » en témoigne. La réalité est plutôt qu'on aime la science mais qu'on ne veut pas en faire. Ce ne serait pas la représentation globale de la science qui rendrait son enseignement peu attractif et résistant à tous les efforts des maîtres pour répondre à la question « À quoi ça sert ? ». C'est peut-être la réalité de l'activité scientifique dans nos sociétés qui ne séduit plus. Même quand ils ont fait des études scientifiques de haut niveau, les jeunes renoncent à la recherche. Les métiers scientifiques sont délaissés au profit de professions plus prestigieuses dans le management ou la finance. Dans cette direction, les travaux de Bruno Latour et de Dominique Pestre apportent quelques éclaircissements, car ils portent sur les transformations actuelles des pratiques et décrivent l'immense transformation des métiers scientifiques (recherche fondamentale aussi bien que recherche-développement) depuis les années 1970[1]. Le premier s'intéresse, en ethnologue, non pas à la science faite, mais à la « science en train de se faire », c'est-à-dire à cette boîte noire de l'activité de laboratoire (course aux publications, aux références et aux brevets, controverses illimitées). Les gens qui font des sciences font autre chose

1. Dominique Pestre, *Science, argent et politique. Un essai d'interprétation*, Paris, INRA, 2003. Bruno Latour, *Science in Action. How to Follow Scientists and Engineers through Society*, Harvard University Press, 1987. Traduction française : *La Science en action*, Paris, Gallimard, « Folio », 1995. On peut lire aussi le livre de Michel Blay, *La Science trahie. Pour une autre politique de la recherche*, Paris, Armand Colin, 2003.

que des sciences : pour quelques-uns qui sont « à la paillasse », il y a, en externe, une multitude de scientifiques qui définissent, gèrent, réglementent les projets, négocient les budgets, diffusent les résultats. Tout cet ensemble constitue ce qu'il est désormais convenu d'appeler la « techno-science », une science organiquement liée à l'univers techno-industriel et aux intérêts marchands. Le métier de chercheur repose aujourd'hui sur des ressorts peu compatibles avec l'image de cette pratique en termes de liberté, d'indépendance et de choix individuel : compétition effrénée, culture du résultat, production de « capital scientifique », recherche de financements.

Dominique Pestre, de son côté, analyse les effets de ces nouveaux régimes de production des savoirs sur notre rapport au monde et à la nature. Les immenses avancées biotechnologiques modifient considérablement notre vie – manipulations génétiques, changements climatiques, risques environnementaux – et suscitent des craintes d'autant plus vives que, visant l'efficacité immédiate dans un contexte de compétition internationale, elles échappent à toute régulation sociale et politique. De plus, le sujet contemporain, sujet auto-construit, veut être maître de ses choix. Il récuse le « tout scientifique ». Il n'accepte pas que ses choix lui soient dictés par une logique rationnelle, car il sait qu'il y a une diversité d'approches possibles de tous les phénomènes : « En cela, il a toute raison de regarder avec méfiance la techno-science qui semble vouloir lui imposer ses choix et contraindre son mode de vie.[1] »

1. Dominique Pestre, *Science, argent et politique. Un essai d'interprétation*, *op. cit.*, p. 146.

Mais cette désaffection à l'égard des sciences touche surtout les choix d'orientation professionnelle. On peut alors déplacer le point de vue en passant de l'objet (la science et sa pratique) au sujet (l'individu qui apprend). Beaucoup de praticiens disent en effet que si les filières scientifiques se vident de leurs étudiants, c'est que ceux-ci les trouvent trop difficiles, voire inaccessibles. Les programmes ne sont pas plus exigeants, mais les élèves ne se sentent pas en mesure de les affronter. Il ne s'agirait pas, ou pas uniquement, d'un problème d'intérêt pour les sciences, mais de difficultés réelles, et très nouvelles, pour accéder aux démarches requises par les savoirs scientifiques. Nous tiendrions là une seconde piste d'interprétation. Elle rejoint certaines observations transmises par des professeurs de sciences. Qu'est-ce qui est requis pour l'accès aux savoirs scientifiques, en termes d'activités intellectuelles ou cognitives, et qui semble présenter des difficultés aujourd'hui ? Les mutations des pratiques culturelles (omniprésence de l'image télévisuelle, des jeux vidéo, du téléphone mobile et d'Internet) seraient-elles pour quelque chose dans les obstacles rencontrés ? Il est frappant de voir que les remarques des enseignants tournent autour du même diagnostic : les élèves d'aujourd'hui ont de grandes difficultés avec l'abstraction, avec l'imagination et avec la mémorisation.

Des difficultés cognitives

Il s'agit d'abord de l'aptitude au raisonnement. Au dire de tous les enseignants interrogés, raisonnement et démonstration sont devenus inaccessibles aux élèves et même aux étudiants des filières scientifiques : « Les étudiants ne savent pas raisonner, ils ignorent les règles élémentaires de la logique et peinent à faire des liens entre les idées » disent-ils. Ils ajoutent qu'il leur manque la précision du vocabulaire, la connaissance des connecteurs logiques (parce que, cependant, étant donné que, malgré...). Pour la plupart des élèves, ce qui tient lieu d'articulation, c'est une simple juxtaposition des affirmations. Le lien entre celles-ci est perçu comme inutile, puisque l'important, c'est d'exprimer ses idées, au moment où elles viennent, en vertu d'un associationisme aléatoire. Le mot d'ordre semble être la spontanéité : « J'écris comme cela me vient à l'esprit. »

Il y va ensuite de la rigueur méthodique. Toutes les sciences exigent ordre et précision dans l'effectuation des tâches. Il faut disposer et aligner sur la page, simplifier une formule algébrique en respectant l'ordre des opérations et des parenthèses, en bref, devenir une petite machine. Ceci paraît impossible à des esprits d'aujourd'hui. Un auteur italien qui se fait fort de surmonter les difficultés mathématiques donne ce conseil : « Apprendre le plaisir de la netteté mentale, éprouver de la satisfaction à devenir, pendant une demi-heure ou une heure, une petite machine de précision, tel est le simple mais fondamental secret de la réussite en mathématique[1]. » Ce genre de satisfaction est inconcevable dans une culture de l'authenticité. Les élèves sont incapables d'entrer, même *pour un temps*, dans un monde de normes et d'accepter la diversité des « jeux de langage ». Le paradoxe de l'individu contemporain, c'est qu'il est tellement réfractaire à l'idée de rôle qu'il ne peut prendre aucune distance à l'égard de son

1. Massimo Piattelli-Palmarini, *Le Goût des études ou comment l'acquérir*, Paris, Odile Jacob, 2004, p. 183.

propre rôle qui consiste à « être lui-même ». Jouer le jeu de la machine de précision, ce n'est pas forcément devenir une machine. Il y a une manière très contemporaine de refuser les rôles qui a des répercussions sur l'enseignement des sciences.

Il y va aussi de la capacité de s'abstraire du présent et d'imaginer. Pour permettre de passer de la signification pour soi à la signification dans le monde des mathématiques, d'un mode de représentation à un autre (numérique, géométrique, graphique, algébrique), de la langue naturelle à la langue mathématique, l'imagination (dans les deux sens classiques, reproductrice et créatrice) joue un rôle déterminant. Il faut être capable de raisonner sur des objets absents et invisibles (molécules, enzymes) et pour cela s'en faire une représentation mentale : traduire en images, faire des conjectures, construire des figures. Il faut également être capable d'imaginer des mondes possibles. Ce n'est pas une imagination sans entraves, mais une « imagination contrainte » caractérisée par les formules dites conditionnelles : s'il est vrai (ou faux ou incertain) que..., alors il est aussi vrai (ou faux ou incertain) que... La capacité à raisonner sur des cas hypothétiques est l'un des piliers de la rationalité, et elle est manifestement corrélée à l'imagination. Ces deux aptitudes semblent faire défaut aux jeunes d'aujourd'hui. Ajoutons qu'elles sont également les conditions fondamentales du débat démocratique. Or, dans ce domaine apparemment étranger au problème de la formation scientifique, les praticiens ou formateurs constatent des difficultés analogues : lorsqu'il s'agit de confronter leurs opinions, les individus, disent-ils, ont beaucoup de mal à sortir de leur propre point de vue pour entrer dans le raisonnement de l'autre, ou encore à défendre des opinions qui ne sont pas les leurs. Ce « défaut d'empathie cognitive », selon l'expression de Philippe Breton[1], a sans doute quelque chose à voir avec les carences observées face au raisonnement scientifique.

Un dernier point concerne le rôle de la mémoire. La pratique des sciences suppose, peut-être plus que toute autre activité scolaire, un emploi aisé des règles, des formules et des procédures de calcul. La démonstration fait appel à des théorèmes et des définitions, et elle suppose des connaissances maîtrisées. Si l'élève mis en situation de recherche ne peut pas mobiliser des connaissances déjà acquises (théorèmes, définitions, lois), ni des procédures de calcul, le problème n'a plus de sens. Il y a trop de distance entre la solution possible et les moyens dont l'élève dispose. Or par refus des automatismes, on a évacué l'apprentissage « par cœur », réputé mécanique et dénué de sens. Il est vrai que la critique des vieilles méthodes de mémorisation verbale ne date pas d'aujourd'hui, même si de grands esprits ont signalé maintes fois, sans être entendus, les excès de cette critique[2]. Comment ne pas voir que, outre que la connaissance des formules contribue à alléger la tâche de l'élève, le travail de mémorisation constitue en lui-même un instrument de pensée ? S'appuyant essentiellement sur le support du langage, la

1. Philippe Breton, *L'Incompétence démocratique. La crise de la parole aux sources du malaise (dans la) politique*, Paris, La Découverte, 2006, p. 125.

2. On peut se reporter par exemple aux *Talks to Teachers on Psychology and to Students on Some of Life's Ideals* de William James, en 1899 : « Les philosophes de l'éducation ont peut-être été poussés à une réaction excessive. Il semble qu'on méprise un peu trop, de nos jours, les leçons apprises par cœur. » Traduction française : *Conférences sur l'éducation. Psychologie et éducation*, Paris, L'Harmattan, 1996, p. 126-127.

mémorisation permet d'assimiler des structures organisées, de s'en imprégner. De plus, elle oblige à trouver des repères de signification, à former des images et des représentations, à construire une organisation temporelle et spatiale. Tout ceci est bien une manière, sinon de donner du sens à ce qui est appris, du moins de le mettre en ordre. Ce sont les enseignements scientifiques qui pâtissent le plus aujourd'hui de la disparition inconsidérée des apprentissages « par cœur ».

Logique, imaginaire, objectivité

Il faudrait mesurer l'impact des technologies de l'information sur les manières de penser. Ceci n'implique aucune posture anti-moderne, mais seulement la conviction que la connaissance des obstacles est le seul moyen d'envisager la façon de les surmonter. Ces outils offrent des données d'une utilité remarquable, mais morcelées, non-hiérarchisées, facilement confondues avec des connaissances. Quand on fait des liens entre les informations, ce sont des « hyper-liens » qui consistent à mettre en relation des éléments séparés (textuels, visuels, sonores), destinés à « créer un sillage d'associations personnelles[1] ». Voilà ce que notre culture technique privilégie : des associations libres, riches et chatoyantes, pas forcément des liens logiques. La victoire posthume des cadavres exquis écrase l'aridité du raisonnement cartésien.

La difficulté à imaginer est peut-être à rapporter aussi à l'invasion des images télévisuelles dans les loisirs des

1. Manuel Castells, *La Galaxie Internet*, Paris, Fayard, 2002, p. 248.

jeunes, et cela dès la toute petite enfance. Un monde virtuel préformé se substitue au monde imaginaire (par exemple celui qui est suscité par la lecture ou par les jeux de « faire semblant » basés sur la parole et le geste). Les jeux aujourd'hui ont des supports numériques, et les images, bien que virtuelles, sont très concrètes et contraignantes : l'intervention du joueur produit une représentation programmée. L'imaginaire est saturé par des images toutes faites, fermées, monosémiques, ouvrant peu de résonances dans l'imaginaire. Car l'imagination fonctionne dans les temps morts et dans les interstices du réel. Ce sont peut-être les romanciers qui ont le mieux perçu à quel point les espaces blancs suscitent l'imagination, par exemple dans les cartes géographiques. Relisons Joseph Conrad par exemple : « Quand j'étais gamin, j'avais la passion des cartes. Je restais des heures à considérer l'Amérique du Sud, ou l'Afrique ou l'Australie – perdu dans toutes les gloires de l'exploration. À cette époque, il y avait pas mal d'espaces blancs sur la terre et, quand j'en apercevais un sur la carte qui avait l'air particulièrement attrayant, je posais le doigt dessus et disais : quand je serai grand j'irai là[1]. » Pour se déployer, l'imagination a besoin de vide. Mais aussi, nous rappelle Conrad, du doigt sur la carte, ou plus simplement d'un déplacement du regard, autrement dit d'une posture du corps qui est à la fois l'indice et la condition de l'intention particulière à l'acte d'imaginer, comme y insistait Jean-Paul Sartre dans *L'Imaginaire.* Un tel déplacement corporel implique le temps. Il est interdit par le flux télévisuel.

1. Joseph Conrad, *Au cœur des ténèbres, in Nouvelles complètes,* Paris, Gallimard, « Quarto », 2003, p. 251.

Mais la plus grande difficulté concerne l'accès à l'objectivité. Cette sortie de soi et de son propre point de vue sur les choses pour opérer la conversion nécessaire à la compréhension des phénomènes, celle-là même que Bachelard appelait « la rectification de l'expérience première », est devenue quelque peu étrangère aux esprits d'aujourd'hui. Notre culture privilégie la subjectivité et l'authenticité. Il faut prendre en compte sur ce point la valorisation du corps dans notre société, valorisation en partie liée à l'allongement de la durée de vie et au souci de la santé qui lui est corrélé. L'urgence de « vivre son corps » dans la détente, l'exercice et l'épanouissement, tend à faire disparaître l'idée que l'activité de pensée peut être source de plaisir. L'expérience est le plus souvent entendue comme mise en jeu du corps (mettre « la main à la pâte »), ou encore comme expérience vécue. Ce qui compte, c'est la vérité existentielle définie comme « une vérité dont la preuve réside moins dans les connaissances ou des propositions universelles que dans l'immédiateté du vécu propre à chacun et dans l'inaliénabilité de son existence[1] ». Ainsi, jusque dans les programmes scolaires, l'expérience est conçue comme une rencontre personnelle fortuite. Les programmes de musique, par exemple, affichent l'objectif, loin de toute progression thématique ou chronologique, de multiplier auprès des élèves les sources possibles de plaisir musical, de favoriser les occasions de rencontre, de « déclic ».

À l'objectivité s'est substituée la subjectivité. Notre culture du débat démocratique accorde une grande

1. Georg Gadamer, *Vérité et méthode. Les grandes lignes d'une herméneutique philosophique*, Paris, Le Seuil, 1996, p. 15-16.

confiance à « l'intersubjectivité », avec une conception de la rationalité comme « civilité » ou solidarité[1], au mépris de l'antique conception de la vérité comme correspondance entre l'esprit et la réalité. Il n'y a que des faits de croyance, qui demandent à être justifiés et à propos desquels nous recevons ou manifestons un accord. Ces thèses ont leur part de vérité dans la théorie de la connaissance. Mais on peut s'étonner de les voir appliquer à l'enseignement, pour deux raisons au moins. La première est que pour pouvoir présenter à autrui une « croyance » susceptible d'être discutée et éventuellement falsifiée, il faut être capable d'en donner une présentation rationnelle et objectivable. La seconde est que les premiers apprentissages se font toujours par une transmission de la part des adultes. Wittgenstein, qui fut instituteur, l'a relevé : « L'enfant apprend en croyant l'adulte. Le doute vient après la croyance. J'ai appris une masse de choses, je les ai admises par confiance en l'autorité d'êtres humains, puis au cours de mon expérience personnelle, nombre d'entre elles se sont trouvées confirmées ou infirmées[2]. » Il insiste ainsi sur le rôle fondamental de la confiance dans l'éducation, et donc de l'autorité accordée par le corps social aux enseignants.

Si les théories pragmatistes sont transportées aussi aisément dans la sphère éducative, c'est sans doute qu'elles coïncident avec une culture pluraliste et subjectiviste qui ne peut rien entendre de ce qu'il faut bien appeler, avec Bachelard, « la formation de l'esprit scientifique ».

1. Richard Rorty, *Science et solidarité : la vérité sans le pouvoir*, Combas, Éditions de l'Éclat, 1990, p. 53.

2. Ludwig Wittgenstein, *De la certitude*, Paris, Gallimard, 1987, p. 160, 161.

En matière d'intersubjectivité, on assiste plutôt à un subjectivisme généralisé. Le dialogue est le plus souvent conçu comme mise en présence des subjectivités, et produit le renforcement de son point de vue propre sur les choses ou pour le moins l'idée que « ça se discute ». À la place du désir de connaissance s'installe le désir de reconnaissance, avec l'importance première accordée à l'estime de soi.

Ce naturalisme ambiant s'oppose aux conditions mêmes de l'accès à la culture, conçue comme appropriation d'un monde de connaissances dont la maîtrise demande un effort. La compréhension n'est jamais immédiate. Il y a toujours d'abord imprégnation de mots et de phénomènes incompréhensibles. Apprendre et comprendre demandent du temps et de la durée, dimensions bien étranges dans une culture du « temps réel ».

Il y a aujourd'hui un investissement symbolique très fort sur l'école et sur la réussite scolaire, investissement associé à une disqualification assez générale des activités qui conditionnent l'accès aux savoirs. Pour le dire en une formule, on voudrait que les enfants acquièrent des connaissances sans avoir à les apprendre. Si l'on veut vraiment préserver la possibilité d'éduquer, il faudra bien arriver à un consensus social sur ce que veut dire « apprendre ». Toute la société se trouve prise dans une gigantesque transformation du statut social des savoirs, de tous les savoirs, y compris les sciences dures et peut-être, en premier lieu, les sciences dures, qui modifie le rapport de désir et le rapport d'intérêt à leur égard. En regard de cela, il y a aussi des modifications de la manière dont l'individu contemporain peut aborder l'acte d'apprendre, dans ses aspects psychiques et cognitifs. De cela, il n'y a pas de discipline et il faut pourtant bien traiter la question à la fois comme un problème philosophique et comme un problème civique, qui engage le tout de la société, de ce qu'elle veut à son propre sujet.

Troisième partie

Fin ou métamorphose de l'autorité ?

Officiellement, le problème de l'autorité ne se pose plus. Il ne provoque plus la controverse. La dernière vague de production à son sujet remonte aux années 1970. Prenons un titre caractéristique d'alors : *Pour ou contre l'autorité ?* de Michel Lobrot[1]. Il laisse mesurer le chemin parcouru. On comprend en l'évoquant pourquoi la question n'a plus cours : tout simplement parce qu'elle est tranchée. Personne ne se prononce plus *pour* l'autorité, personne n'en assume plus expressément le principe, que ce soit à l'école ou ailleurs dans la vie sociale. Dans l'autre sens, il n'y a plus de motif de plaider *contre* l'autorité. La vague anti-autoritaire issue des années 1960 a balayé ses figures consacrées : le chef, le père, le prêtre, le maître... Voici un propos typique de ce congédiement ; il conclut l'un des derniers ouvrages traitant de la question dans le champ pédagogique, *Autorité ou éducation ?* de Jean Houssaye, paru en 1996 : « Entre l'autorité et l'éducation, nous avons choisi [...]. Loin d'être indispensable à la réalité scolaire, l'autorité signe l'échec de l'éducation à

1. Michel Lobrot, *Pour ou contre l'autorité ?*, Paris, Gauthier-Villars, 1973.

l'école. Il convient de construire l'éducation au dehors d'elle. Il n'y a pas de problème d'autorité à l'école. C'est l'autorité en tant que telle qui fait problème. L'autorité ne peut être une solution. L'autorité n'existe pas[1]. »

Il se fait bien jour depuis quelques années une aspiration confuse à retrouver l'autorité. Elle est des plus timides, au point que, le plus généralement, elle ne dit pas son nom. On pourrait dresser l'inventaire des périphrases et des euphémismes qui servent à désigner ce recours dont on déplore la disparition. La plus connue des ces expressions détournées parle ainsi du « manque de repères », dont souffriraient les enfants et les jeunes. Encore ne s'agit-il que de regretter une absence. La revendication positive et directe de la chose est autrement délicate.

Il n'est pas difficile de comprendre pourquoi. L'autorité est devenue un principe indéfendable. C'est le constat de décès qu'établit, dès son titre, le récent livre d'Alain Renaut, *La Fin de l'autorité*[2]. En bonne logique, fait-il valoir, il n'y a pas d'autorité admissible en démocratie, puisqu'il n'y existe aucun pouvoir fondé à s'imposer de manière indiscutable, puisque toute injonction doit s'appuyer sur une justification rationnelle, puisque le consentement est de règle dans toute relation de commandement, puisque, en un mot, l'obéissance ne peut être que libre. Nous n'assistons à rien d'autre qu'à l'épanouissement d'un principe d'exclusion inscrit de naissance dans les prémisses de l'univers démocratique. L'autorité n'a plus sa place dans notre culture ; elle n'y était présente jusque voici peu qu'au titre de survivance

1. Jean Houssaye, *Autorité ou éducation ?*, Paris, ESF, 1996, p. 181.
2. Alain Renaut, *La Fin de l'autorité,* Paris, Flammarion, 2004.

d'un autre âge ; il est vain autant qu'anachronique de vouloir y faire appel. Tel est le pressentiment qui paralyse même les nostalgies les plus prononcées.

Et pourtant ! Il y a manifestement quelque chose qui résiste à cette dissolution apparemment irrévocable et définitive. Du point de vue des principes, en effet, il n'y a plus d'autorité défendable et assumable, étant donné les exigences du droit des individus et la règle absolue du consentement qui en découle – et cependant l'autorité est toujours là. Il y a un *fait de l'autorité* qui résiste à sa déconstruction en raison et aux exorcismes qui le somment de se retirer au nom des valeurs de liberté qui ont triomphé dans notre culture. Un fait qui continue de jouer un rôle non négligeable et dont il y a des raisons de penser qu'il serait susceptible d'un emploi éclairé, si nous étions capables d'en élucider les ressorts.

Qu'il y ait un fait de l'autorité, cela signifie, par exemple, que nous assistons à des transferts clandestins d'autorité. Si le « maître », le professeur, l'enseignant, n'ont plus d'autorité dans la classe, c'est en réalité parce que d'autres autorités d'un rang supérieur, dans la société, délégitiment la leur, la font apparaître, involontairement, comme dérisoire et sans objet.

La difficulté d'assumer explicitement la question de l'autorité ne va pas sans retombées délétères, dont le domaine des relations de travail fournit des illustrations privilégiées. Sur le papier, la figure de « chef » a été remisée au magasin des accessoires. Les organisations ne veulent plus connaître qu'une hiérarchie fonctionnelle, au service des objectifs de rationalité et d'efficacité, sur la base de la responsabilité des acteurs. En pratique, le fonctionnement de ces organigrammes aseptiques révèle communément un univers pathologique de rapports d'autorité d'autant plus mal vécus qu'ils sont déniés. La fantasmatique paranoïde du « harcèlement moral », dans son double aspect de passage à l'acte et de projection délirante, n'a pas d'autre origine. Comme quoi une « fin » apparente peut dissimuler de sournoises perpétuations.

Le problème de l'autorité se pose ainsi d'une manière nouvelle : comme le problème d'un fait qui échappe à nos principes de droit. En droit, il n'y a pas d'autorité défendable. Dans les faits, il y a une donnée de l'autorité qui semble inhérente au fonctionnement social comme au fonctionnement humain et dont il est manifeste que nous avons intérêt à cerner les raisons d'être.

Il est permis de faire l'hypothèse que l'autorité représente une dimension constitutive et irréductible de l'espace humain-social. Une dimension spécifique, distincte aussi bien du *pouvoir,* défini en première approximation par sa dimension institutionnelle, que de la *puissance,* caractérisée dans sa dimension matérielle par la capacité d'imposition liée à la disposition de moyens de contrainte. Il suffit d'évoquer cette tripartition pour discerner les confusions qui naissent en permanence du fait que les trois dimensions fonctionnent souvent ensemble, de telle sorte qu'elles sont aisément prises l'une pour l'autre. Cela ne les empêche pas d'être différentes et de jouer isolément en l'une ou l'autre occasion.

Cette conjonction explique sans doute le peu d'intérêt de la pensée politique pour le phénomène dans son originalité. Les réflexions sur la nature de l'autorité sont rares. Alexandre Kojève, l'un des quelques auteurs à s'être aventurés sur ce terrain, dans un essai datant de 1942 et récemment tiré de l'ombre, relève cette lacune : « Chose curieuse, dit-il, le problème et la notion de l'autorité ont été très peu étudiés » – « L'essence même du phénomène, souligne-t-il encore, a rarement attiré l'attention[1]. » Le constat reste valide, plus de soixante ans après que ces lignes ont été écrites. La seule exception marquante est constituée par l'essai fameux d'Hannah Arendt, « Qu'est-ce que l'autorité ? », datant de 1959, inlassablement sollicité en raison de son caractère unique[2]. Tout au plus peut-on citer à ses côtés quelques essais pénétrants, significativement dus à des auteurs d'inspiration religieuse : *Autorité et bien commun,* de Gaston Fessard, *Théorie générale de l'autorité,* d'Yves Simon, *Autorité, pouvoir, puissance,* de Philibert Secrétan[3]. Il est permis de négliger, dans la perspective qui nous intéresse ici, des travaux sociologiques importants, mais qui portent sur les modalités d'exercice, non sur l'essence du phénomène[4].

Cette pénurie est sans vrai mystère, encore une fois. C'est tout simplement que la vie politique mêle généralement l'autorité avec le pouvoir et la puissance. La réflexion s'aligne sur cette liaison manifeste en prenant comme un bloc, à l'enseigne du pouvoir, en particulier, des choses qu'il conviendrait de soigneusement dissocier. Dès que l'on se trouve dans le domaine de l'éducation, en revanche, le brouillage saute aux yeux. Car

1. Alexandre Kojève, *La Notion de l'autorité,* Paris, Gallimard, 2004, p. 49.

2. Hannah Arendt, « Qu'est-ce que l'autorité ? », *op. cit.* On tirera profit, dans sa ligne, du récent ouvrage de Myriam Revault d'Allonnes, *Le Pouvoir des commencements. Essai sur l'autorité,* Paris, Le Seuil, 2006 .

3. Gaston Fessard, *Autorité et bien commun,* Paris, Aubier, 1969 ; Yves R. Simon, *A General Theory of Authority,* Notre-Dame (Ind.), University of Notre-Dame Press, 1962 ; Philibert Secrétan, *Autorité, pouvoir, puissance,* Lausanne, L'Âge d'homme, 1969.

4. Travaux dont le plus notable est l'*Esquisse d'une théorie de l'autorité* de François Bourricaud, Paris, Plon, 1961.

l'entreprise éducative a la singularité de se développer dans le pur élément de l'autorité. Le pouvoir n'y intervient qu'à la marge et la puissance en est par principe exclue. C'est une bonne raison pour s'efforcer de la circonscrire.

Critiques de l'autorité

Mais si l'on a peu réfléchi à la nature de l'autorité, c'est surtout parce que l'on s'est préoccupé en priorité de la dénoncer. Sous cet angle, le corpus est aussi vaste que le précédent est mince. La critique de l'autorité remplit des bibliothèques. Elle constitue l'un des axes majeurs de la culture moderne. Et pour cause, puisque la modernité n'est autre chose que le produit de l'émancipation de ces deux incarnations par excellence de l'autorité que sont la *religion* et la *tradition*.

L'illusion d'optique avec laquelle nous nous débattons découle directement de cette source. La modernité est venue à bout de la religion et de la tradition, de leurs succédanés et de leurs ramifications, et cependant l'autorité est toujours là. On a confondu, autrement dit, des figures historiques de l'autorité avec le fait même de l'autorité. Ou en d'autres termes encore : l'autoritarisme nous a caché l'autorité.

La confusion a touché tout le monde, les adversaires de l'autorité comme ses défenseurs. Personne, ainsi, n'associe plus fortement les trois termes d'Hannah Arendt. Elle écrit dans une note de 1953 : « Tradition-religion-autorité forment une trinité à ne pas séparer : les trois piliers du monde occidental, tous trois forgés par Rome. Tous trois ont été brisés ensemble[1]. » Elle ajoute un peu plus loin : « L'effondrement de la tradition est identique à l'effondrement de l'autorité et de la religion[2]. » Un diagnostic d'autant plus révélateur qu'il s'est révélé hâtif. La religion et la tradition ont perdu complètement leur emprise sur la vie sociale. L'autorité, elle, perdure, même sur un mode problématique, en tant que rouage du mécanisme collectif. La vérité est que la religion et la tradition n'étaient que des mises en forme de l'autorité susceptibles de s'effacer sans que cette dernière en soit affectée dans son principe.

Il est intéressant, cela dit, de comprendre en quoi consistaient ces expressions à ce point exemplaires de l'autorité qu'on pouvait les prendre pour elle, ou les juger inséparables d'elle. Religion et tradition explicitaient et institutionnalisaient le phénomène de l'autorité, en lui conférant l'aspect d'un indiscutable qui s'impose par essence, ou bien au titre de la supériorité absolue du fondement, ou bien au titre de l'antériorité radicale de la fondation. L'obligation envers le surnaturel ou l'originel a ceci de remarquable qu'elle appelle une soumission sans réserve, tout en excluant idéalement le recours à la coercition. C'est de soi-même que l'on plie le genou devant les décrets de la providence divine ou que l'on se coule dans les modèles insurpassables du passé. En quoi l'assujettissement religieux ou la dépendance envers la tradition offrent le type pur du rapport d'autorité.

En quoi ils se désignaient par la même occasion comme les cibles d'élection de la modernité autonome, comme les repoussoirs contre lesquels elle s'affirme et se définit. À l'imposition transcendante, elle entend substituer partout

1. Hannah Arendt, *Journal de pensée*, Paris, Le Seuil, 2005, t. I, p. 239.
2. *Ibid.*, p. 330.

l'immanence de la raison. À l'obéissance au passé, elle oppose l'invention de l'avenir. La critique de l'autorité est consubstantielle au développement de son projet. Elle traque l'esprit de soumission sans examen dans tous les domaines.

Le secteur éducatif ne pouvait être qu'en première ligne dans ce mouvement. Il y occupe une place éminente, en effet, puisque c'est à lui que revient de former ces êtres soustraits à l'empire de la croyance et de la coutume par la maîtrise de l'examen rationnel. Une place exposée, en même temps, puisque la relation des parents, et plus largement des adultes, aux enfants, a fait longtemps figure de territoire naturel de l'autorité et que l'éducation se présente de prime abord comme l'exercice d'une imposition sociale. De fait, la critique de l'autorité a trouvé un riche filon dans l'école, à la mesure à la fois de ces attentes et de ces difficultés. Elle y a connu quelques uns de ses développements les plus sophistiqués, dont le tableau systématique serait à dresser.

Il est possible d'y reconnaître d'emblée trois grandes étapes, qui correspondent en même temps à trois strates distinctes du problème.

1. L'étape de la critique politique de l'autorité. Elle résulte ni plus ni moins de la projection dans l'espace scolaire de la critique éclairée de l'absolutisme religieux. Dès lors que cette critique du pouvoir soustrait au consentement et au jugement de ceux qui le subissent trouve un débouché politique, disons avec la Révolution française, pour faire court et prendre un repère indiscutable, la question de sa contrepartie éducative arrive à l'ordre du jour. Il s'agit pour demain d'instituer le citoyen capable de participer à cette chose publique émancipée du dogme

et du préjugé. De Condorcet à Alain, des *Mémoires sur l'instruction publique* aux *Propos sur l'éducation*, la pensée de l'école a son fil rouge dans cette ambition de l'ériger en citadelle du libre examen contre l'esprit d'autorité toujours renaissant.

2. Cette première étape débouche organiquement sur une deuxième. En même temps que le principe de cette école de la liberté triomphe – avec la République, en France – la contradiction devient sensible entre les fins poursuivies et les moyens utilisés. Dès lors que les savoirs dispensés relevaient de l'établissement rationnel, l'école républicaine ne répugnait pas à l'emploi, dans la classe, de méthodes que l'on appellera par la suite « magistrales ». Qu'importe le style, pourvu que les connaissances transmises, de par leur nature, soient susceptibles d'une appropriation en raison. Bref, l'école dirigée contre l'esprit d'autorité en politique pactisait avec lui dans ses façons de faire. Auguste Comte n'avait-il pas fourni le modèle de ce compromis, en proposant, à l'enseigne de son « pouvoir spirituel », de mettre l'autorité de la science à la place de celle du dogme ?

C'est cette contradiction que dénonce la critique pédagogique de l'autorité. Même appuyée sur la raison, l'imposition est contre-productive. L'apprentissage de la liberté exclut la passivité. L'élève doit faire lui-même l'expérience de la conquête rationnelle au présent. Il ne peut véritablement apprendre qu'à la condition de découvrir activement la nécessité et le sens des savoirs à acquérir. C'est tout l'esprit des « pédagogies nouvelles », dont les lignes de force se dégagent dans les années qui précèdent la Grande Guerre, avant d'être consacrées dans son sillage et d'entamer leur lente conquête de l'institution. Dans leur diversité, elles procèdent semblablement à la base d'une même dénonciation des effets néfastes de l'autorité sur l'acte d'apprendre et sur le fonctionnement intellectuel. Elles resteront remarquablement fidèles, en se diffusant et en s'enrichissant, à cette identité d'origine.

3. Cette critique pédagogique de l'autorité va se répandre après 1945, et l'emporter massivement à partir des années 1970, en liaison avec le succès fulgurant d'une troisième critique qui prend le problème sous un autre angle encore, la critique psychologique des dégâts de l'autorité. Elle se forge au croisement de deux phénomènes : l'expérience des totalitarismes, qui conduit à s'interroger sur la culture qui a favorisé l'éclosion des fanatismes idéologiques et le déchaînement de la violence politique, et la diffusion de la psychanalyse, dont la mise en évidence des ravages psychiques associés à la loi du père et au dérèglement du surmoi trouve, dans ce contexte un immense écho. Le problème de l'autorité, dans cette perspective, devient celui du type de personnalité engendré par son intériorisation, sous la pression d'une éducation rigide. L'ouvrage qui illustre cette approche de la manière la plus caractéristique est sans doute *La Personnalité autoritaire*, publié en 1950 aux États-Unis sous la direction, notamment, d'Adorno[1]. Cette vaste enquête empirique et pluridisciplinaire conjugue exemplairement l'investigation psycho-sociale et la préoccupation politique. Elle fait ressortir les méfaits d'une

1. T. W. Adorno, Else Frenkel-Brunswik, Daniel J. Levinson, R. Nevitt Sanford, *The Authoritarian Personality*, New York, Norton, 1950. L'ouvrage a récemment fait l'objet d'une traduction française partielle sous le titre *Études sur la personnalité autoritaire*, Paris, Allia, 2007.

prime éducation répressive, qui produit des individus à la fois soumis et sadiques, aussi disposés à une obéissance pathologique qu'animés par une agressivité destructrice.

Les conséquences du dévoilement de ce « potentiel fasciste » vont très loin, puisqu'elles mettent en cause la famille, au-delà de l'école. L'autorité doit être bannie non seulement du rapport pédagogique, mais de la relation éducative en général, en commençant par la relation parents-enfants, l'autoritarisme patriarcal étant visé au premier chef. Et cela, en fonction d'un impératif civique. C'est l'intérêt supérieur de la communauté des citoyens qui le demande. La démocratie exige, pour bien fonctionner, un type de personnalité indépendante et ouverte qui ne peut s'épanouir dans un climat punitif balisé par l'interdit et l'obligation. Sans doute ce souci politique s'est-il progressivement estompé, avec l'éloignement de la menace totalitaire. Il n'empêche que la matrice intellectuelle est demeurée la même lorsque cette troisième vague anti-autoritaire s'est massivement imposée dans la vie sociale, en fonction cette fois de la logique individualiste. Ce ne sont plus tant les dangers de la personnalité autoritaire que l'on redoutait, que les dommages infligés à l'individu lui-même par une répression se répercutant en auto-répression. La grille de lecture est cependant identique. Il est acquis, pour le nouveau sens commun psychologique, que l'exercice de l'autorité comporte un péril majeur pour l'épanouissement de la personnalité. Il est de nature à étouffer sous le poids de la contrainte extérieure l'estime de soi indispensable à la conduite d'une vie réussie.

Il y a beaucoup à apprendre de ce parcours. Il est temps d'en faire le bilan, puisque aussi bien on peut considérer qu'il est terminé. L'ère de la critique de l'autorité est close, dans la mesure où il n'y a plus rien à critiquer, à quelque titre que ce soit. Que pourrait-on ajouter à ce procès allant des principes de l'existence collective aux profondeurs de l'existence intime ?

Le fait de l'autorité

Le problème n'a pas disparu pour autant. Il se pose simplement en de nouveaux termes et sur des bases entièrement transformées. Il est à dissocier complètement, désormais, de la forme qu'il devait au mode religieux d'institution de l'être-ensemble. À peu près plus rien ne subsiste de l'empreinte structurante que la transcendance et la précédence continuaient d'exercer au sein de l'existence collective jusqu'à une date récente. Ses derniers vestiges se sont évanouis. Il faudrait à cet égard passer en revue tout le spectre de ses manifestations, depuis les institutions dites justement d' « autorité » (l'armée, la police), jusqu'aux plus modestes rôles sociaux (le père de famille), en passant par les figures canoniques du chef dans l'ordre politique, du maître dans l'ordre du savoir, ou du magistrat dans l'ordre de la loi. La simple évocation de la tâche suffit à faire sentir l'ampleur du repli. Partout, ce qui matérialisait la supériorité de la société, ce qui chargeait les encadrements collectifs d'une prééminence symbolique, s'est effacé. Un âge de l'autorité, venu de très loin, du plus profond de l'histoire humaine, a vécu. Pour le dire encore autrement, l'autorité a cessé d'être une valeur explicite dans la vie sociale, valeur renvoyant toujours sous cet aspect, d'une manière ou d'une autre, à l'inquestionnable du fondement. Son invocation n'a plus de sens, précisément, parce qu'il n'y a plus pour nous que du questionnable.

Mais cette dissolution laisse intacte l'autorité en tant que telle. Si elle a disparu en tant que valeur, elle perdure en tant que mécanisme. C'est seulement pour elle une façon de s'incarner, de se présenter, de jouer qui s'est défaite. Pour le reste, elle demeure une dimension effectuante de l'existence collective. Nos sociétés continuent de fonctionner à l'autorité, pour le meilleur et pour le pire. Sans plus de culte de l'autorité pour les justifier, les pratiques d'autorité n'en prospèrent pas moins. La personnalité autoritaire elle-même n'a pas disparu ; elle a seulement changé de profil. Car en cessant d'être avouée et révérée, l'autorité a pris à l'occasion des formes camouflées et perverses encore plus pénibles à subir que leurs devancières.

Est-ce à dire qu'il ne faut voir dans cette insistance souterraine qu'un résidu pathologique et transitoire, voué à disparaître à son tour pour peu qu'on mette suffisamment d'énergie et d'attention à le traquer ? Non. Ces dévoiements sont la contrepartie d'un rôle indispensable et positif que continue de jouer l'autorité, même lorsqu'elle cesse d'être assumée et célébrée. Félicitons-nous de pouvoir compter sur elle ! Il n'est que d'imaginer une société où elle n'existerait pas, où il n'y aurait plus que de la force et du droit, de la contrainte physique et légale, pour se convaincre du cauchemar qu'elle nous épargne. Les quelques esquisses qui nous permettent d'entrevoir ce que serait un tel monde ne donnent pas envie d'en être.

Le problème n'est donc pas de liquider les restes d'un passé qui a de la peine à passer, il est de ressaisir cette dimension toujours à l'œuvre au sein de notre monde et de la maîtriser autant que faire se peut. Il s'agit d'en comprendre la fonction et de lui ménager sa juste place. C'est la seule voie pour en contenir les expressions pathologiques. Car nous avons besoin de l'autorité, et il est essentiel de saisir pourquoi. Le moment est venu de la regarder d'un œil laïc, à distance égale de la révérence béate et de l'horreur sacrée. La querelle est close. Il n'y a ni passé à restaurer, ni rupture finale à consommer. La tâche qui est devant nous est d'opérer la réappropriation critique du fait de l'autorité.

La difficulté est d'isoler ce fait dans sa consistance irréductible. On l'a dit, il se présente généralement en relation et en mélange avec deux autres données qui sont davantage susceptibles, elles, d'être appréhendées de manière indépendante, le pouvoir et la puissance. Cela parce qu'elles correspondent à des pôles bien identifiables de la vie sociale, les rapports de force et les rapports de droit, les moyens d'action matériels et les moyens institutionnels. L'autorité, dans le triangle, représente la variable évanescente, au point qu'elle est facilement méconnue, parce qu'elle intervient le plus souvent à l'appui des deux autres. Il est exceptionnel qu'elle se montre au premier plan. Il n'y a guère que dans les phénomènes de charisme qu'on la voit fonctionner pour son compte, quand la capacité d'entraînement d'un individu se joue de l'ordre légal et mobilise une énergie collective plus forte que les forces matérielles. Devient alors visible quelque chose qui demeure ordinairement caché dans l'existence en commun, à savoir qu'il ne peut jamais y avoir *que* la force et le droit, que leur efficacité est suspendue à l'action tacite d'un troisième terme.

On a montré mille fois l'impossibilité de réduire le droit à la force, et l'impuissance où serait la force, si grande qu'elle soit, sans le concours du droit. Inutile d'y revenir une fois de plus. Ce qu'il faut ajouter, en revanche, c'est que le droit serait sans grande effectivité à son tour s'il ne bénéficiait de l'appui de la légitimité. L'ordre légal ne doit de s'imposer qu'à sa perception comme légitime, une dimension qu'il ne comporte pas par lui-même et dont il peut aisément divorcer. C'est elle qui lui permet de faire l'économie de la contrainte ou de la violence, dans la grande majorité des cas, grâce à la reconnaissance et à l'acceptation des acteurs. Sauf de quoi la vie sociale se résumerait, de nouveau, à une lutte de tous les instants autour de l'application coercitive des règles. C'est du côté de ce troisième facteur, impalpable et décisif, puisqu'il constitue le grand levier pacificateur des sociétés humaines, que se situe l'autorité.

Raisons de l'autorité

Comme il est difficile d'appréhender de manière directe le fait de l'autorité, on procédera de manière indirecte, en se demandant, à la lumière de ce faisceau de présomptions, *pourquoi* il y a de l'autorité, à quelles données primordiales de l'expérience humaine elle se rattache. Peut-être pourra-t-on mieux discerner, sur cette base, en quoi elle consiste. Après quoi il nous restera à tirer les conséquences de cette approche de l'autorité en général pour le champ éducatif, qui en a un usage spécifique.

L'existence de l'autorité semble intimement liée à cinq traits constitutifs du domaine humain-social.

1. Il y a de l'autorité, comme on vient de l'entrevoir à l'instant, parce qu'il y a de la *légitimité*. Entendons, parce

que l'espace humain-social est inséparable d'une dimension normative et que cette normativité ne va pas sans un travail permanent de réflexion et de jugement sur l'adéquation de ces normes de tous ordres à leur possible fondement. Les sociétés humaines ont cette particularité qu'elles ne se contentent pas d'être, elles se font, elles se définissent, elles se choisissent par des refus et des prescriptions et, qui plus est, elles justifient ces choix. L'expression massive de cet impératif de légitimation a été historiquement la religion, soumettant l'ordre social dans son ensemble à une extériorité indiscutable. Le problème se pose très différemment pour les sociétés modernes, issues de la sortie de la religion. Elles n'échappent pas pour autant à l'exigence de légitimation de leurs activités. Celle-ci s'y démultiplie, bien au contraire, en s'y différenciant selon les secteurs et en prenant un tour ouvert et contradictoire. Il n'y a pas que le pouvoir qui doit être légitime. La question du bien ou du mal fondé des démarches ou des façons de faire est générale. La recherche de la juste manière de procéder, capable de faire consensus autour de l'accord entre les fins qu'on doit se proposer et les moyens employés, est à l'œuvre dans tous les domaines de l'action collective. S'il y a autorité, c'est en fonction de la convocation ou de l'invocation de cette dimension à la fois évanescente et omniprésente, liée au rôle capital de l'assentiment dans la vie sociale, qu'est la reconnaissance du légitime à l'intérieur, au-delà ou contre le légal.

2. Il y a de l'autorité parce que l'humanité fonctionne à la *croyance* et ne peut fonctionner autrement. Le règne officiel de la raison ne change rien à l'affaire : à son enseigne, nous continuons de recevoir infiniment plus

de choses que nous ne sommes en mesure d'en vérifier rationnellement. Le fait de ne plus ériger le passé en modèle ne nous empêche pas d'être pénétrés de l'héritage d'une histoire. Nous sommes condamnés à faire confiance, au quotidien, à une foule de personnes et d'institutions sur d'innombrables sujets. Pas de vie sociale sans foi. « Croire à la parole humaine, parlée ou écrite, est aussi indispensable aux humains que de se fier à la fermeté du sol », écrit Valéry[1]. Il nous est essentiel, en effet, de pouvoir compter sur des auteurs qui représentent pour nous des autorités[2]. De manière plus générale, face au déluge de bruits, de rumeurs, d'informations plus ou moins incohérentes qui nous assaillent, nous sommes contents de pouvoir nous fier à des jugements autorisés, sans lesquels nous serions en peine de nous orienter. C'est de ce besoin vital de crédit que se nourrit le fait de l'autorité.

3. Il y a de l'autorité parce que l'humanité fonctionne à *l'appartenance*, parce que nous sommes jusqu'au tréfonds de nous-mêmes des êtres sociaux. C'est une donnée constitutive de notre condition que d'être membres d'une collectivité hors de laquelle notre existence serait inconcevable. Une collectivité qui s'impose à nous et nous dépasse en quelque manière, ne serait-ce que parce qu'elle existait avant nous et qu'elle existera après nous, qu'elle nous procure le langage que nous parlons, qu'elle nous investit de l'héritage de son histoire, qu'elle nous

1. Paul Valéry, « La politique de l'esprit », *in Œuvres*, Paris, Gallimard, « Bibliothèque de la Pléiade », 1957, t. I, p. 1033.
2. Sur ce rapport intime entre la figure de l'auteur et le principe de l'autorité, voir Gérard Leclerc, *Histoire de l'autorité*, Paris, PUF, 1996.

infuse la culture et les idéaux qui nous guident : autant de choses que nous continuons de ne pas choisir et que nul ne choisira jamais, n'en déplaise à nos naïfs individualistes d'aujourd'hui. La société des individus, justement, est en réalité la société qui dit à ses membres qu'ils sont des individus et qui leur en assigne le statut, éventuellement à leur corps défendant.

L'erreur à ne pas commettre, sur ce chapitre, serait de croire que la disparition des encadrements holistes, hiérarchiques et organiques qui manifestaient ostensiblement la supériorité du tout sur les parties signifie la liquidation de cette dimension d'appartenance, la fin de la socialisation du soi. La transcendance du collectif a perdu son caractère explicite et impératif, mais elle n'en continue pas moins d'exister et de se manifester sous forme d'autorité. Derrière une partie au moins des expressions de l'autorité, il y a cette inscription constitutive. Pour l'un de ses aspects, l'autorité manifeste la présence du collectif à la conscience individuelle, comme dans l'autre sens, du côté de la reconnaissance de l'autorité, elle exprime le besoin de l'individu de s'identifier à du collectif pour s'assurer de son existence.

4. Il y a de l'autorité parce que nous fonctionnons à *l'interdépendance* avec nos pareils – étant entendu que l'appartenance collective est une chose, la dépendance interindividuelle une autre. Nous sommes hantés, habités, pénétrés par les autres. Nous subissons toujours, en quelque manière, l'ascendant de certains de nos congénères, ou leur influence. Une donnée qui s'enracine à l'évidence dans la dépendance infantile et l'intériorisation des images parentales, mais dont la particularité

humaine est de tirer une dimension structurelle de son expérience. L'homme est l'animal qui ne guérit pas de son enfance et qui n'accède jamais à l'autosuffisance. Il est l'être dont le processus de constitution psychique gravite autour de l'identification. L'autorité n'existerait pas sans cette intime sensibilité à autrui.

5. Il y a de l'autorité parce qu'il y a *liberté* ou, pour être plus précis, en raison des conditions dans lesquelles se déploie effectivement ce que nous appelons notre liberté[1]. On pourrait dire : nous faisons place à de l'autorité au-dehors parce que nous avons à exercer de l'autorité sur nous-mêmes. Nous jouissons en effet d'une certaine disposition de nous-mêmes ; nous possédons une certaine faculté de choix, ou du moins de hiérarchisation entre le principal et l'accessoire, entre le proche et le lointain. Mais regardée de près, en pratique, cette capacité d'autodétermination, n'en déplaise à une vision enracinée de la conscience maîtresse par-devers elle, s'avère aux antipodes d'une puissance solipsiste ; elle a besoin d'un appui extérieur. Ce n'est pas seulement, comme la philosophie du dernier siècle l'a solidement établi, qu'elle n'existe originairement qu'en dialogue, c'est qu'elle ne fonctionne qu'en relation avec un pôle extrinsèque matérialisant cette capacité de choix sous l'aspect d'une hétérodétermination virtuelle. L'ouverture primordiale à autrui est inséparable de la référence originaire à un pôle d'autorité au milieu de cette altérité multiple.

1. Pour la problématique classique, voir Karl Jaspers, « Autorité et liberté », *in Essais philosophiques*, Paris, Payot, 1970.

C'est ce que met en lumière, en le portant à la limite, cette pathologie de l'articulation entre liberté et autorité qui a pour nom soumission. Elle n'a rien à voir avec une pure passivité. Elle est à l'opposé le choix de se plier à une autorité qui choisit pour vous – non pas qui vous contraint : qui vous indique ce qu'il convient de faire ou de penser. La figure pure de la soumission, c'est le disciple ou l'adepte, pas le soldat. Ce miroir déformant fait ressortir deux choses : d'une part, que tous nos choix s'effectuent par référence tacite à cette capacité qu'aurait un autre de nous guider, de telle sorte qu'une aliénation complète est possible ; mais il fait également ressortir, d'autre part, qu'en général, cette référence ne nous oblige pas. Elle joue simplement comme un recours réflexif qui nous permet de nous orienter, ne serait-ce qu'en nous renvoyant à l'idée que personne ne peut choisir pour nous.

Notre liberté, en d'autres termes, ne se déploie pas dans le vide. Elle se reconnaît et s'affirme par rapport à cette limite potentielle qu'elle se reconnaît sous les traits d'une autorité qui saurait, elle, trancher à coup sûr dans les dilemmes où nous flottons et les conflits de valeurs qui nous déchirent. Nous ne pouvons pas nous décider sans la postulation secrète de cette autorité idéale qui serait en mesure de nous dire quelle est la bonne ou la juste option, même si c'est pour conclure qu'elle ne nous est d'aucun secours. Autorité idéale dont les autorités réelles qui se présentent et que nous élisons dans la vie sociale ne sont jamais que des approximations plus ou moins réussies.

Telles sont les cinq raisons, au moins – sans préjudice d'autres qu'une analyse plus approfondie ferait apparaître –, qui permettent de penser que le fait de l'autorité constitue une dimension irréductible de fonctionnement humain-social.

Expressions de l'autorité

C'est à partir de ces racines qu'il serait possible de construire une typologie véritablement compréhensive, et non simplement descriptive, en montrant comment chacune d'entre elles trouve son expression privilégiée dans l'une ou l'autre des figures exemplaires du phénomène. Mais en-deçà de ces cristallisations répertoriées, il est également possible, sur la même base, de dégager une sorte de mécanisme général de la manifestation de l'autorité, valable pour ses différents types ou cas. Comme cette loi de présentation est d'un intérêt plus direct pour le présent propos, c'est sur elle qu'on se concentrera.

Étant donné les racines anthroposociales qui sont les siennes, l'autorité se concrétise toujours, dans quelque registre que ce soit, en combinant deux propriétés apparemment incompatibles : elle est à la fois *incarnatrice* et *représentative.* C'est proprement cela qui en fait un phénomène si paradoxal et mystérieux.

L'autorité est représentative par essence. Elle n'a de sens à s'exercer qu'*au nom de.* Il lui est consubstantiel d'indiquer un au-delà de la personne qui la porte. Elle n'a de consistance qu'en faisant signe vers autre chose que son porte-parole, autre chose qui a toujours peu ou prou à voir avec une valeur collectivement partageable ou un principe de validité générale. L'autorité est en quelque façon manifestation de la transcendance collective ou n'est pas.

En même temps, d'autre part, l'autorité suppose l'incarnation dans une personne, et, plus précisément encore, dans la singularité d'une personne. Il lui est consubstantiel d'être attachée à une individualité, étant bien précisé qu'elle se loge dans ce qui n'appartient qu'à elle. C'est en ce sens qu'elle se possède, à la différence du pouvoir. Elle est en quelque manière native ; elle se communique peu, ou mal. Ce que reconnaît la sagesse des nations, en parlant d'« autorité naturelle ». Le pouvoir se transmet selon des formes légales et des règles institutionnelles – au minimum, il s'hérite ; il tend à l'impersonnalité, centré qu'il est sur l'exercice d'une fonction. L'autorité ne se transfère que difficilement; elle comporte une part informelle incompressible, qui tend à prendre le dessus sur le cadre institutionnel où elle s'inscrit. C'est l'effet normal de sa personnification, si curieuse que celle-ci puisse paraître, puisque la personne, en l'occurrence, est au service de la représentation d'autre chose et de plus qu'elle. Mais c'est, en fait, qu'il faut un talent particulier ou une disposition spéciale pour représenter quelque chose qui est au-delà de soi. Ce pourquoi ces propriétés, qui semblent s'opposer, sont complémentaires, en fin de compte. C'est parce qu'elle est représentative que l'autorité doit être incarnée.

Fonctions de l'autorité

Il est possible, enfin, dans la même ligne et compte tenu des mêmes prémisses, de préciser quelque peu la *fonction* de l'autorité. Car ces investigations resteraient d'un intérêt modeste si elles ne nous aidaient pas à comprendre un tant soit mieux à quoi elle sert. Incarnatrice et représentative, l'autorité répond à un besoin spécifique de *médiation* entre l'individuel et le collectif, dans les divers registres de celui-ci. Ce pourquoi elle est forcément personnifiée – la médiation ne va pas sans identification, dans les différents sens du terme –, tout en étant foncièrement transpersonnelle. Elle ouvre sur la part la plus insaisissable de nos sociétés composées exclusivement de personnes, à savoir ce qui leur procure une consistance indépendante des personnes, ce qui fait tenir l'ensemble en n'appartenant justement à personne.

Cette fonction médiatrice se laisse le mieux cerner dans trois registres où elle revêt un relief prononcé – étant entendu qu'il ne s'agit que d'un échantillon illustratif, et non d'une liste à vocation exhaustive.

Elle est centrale dans le développement psychique, comme on est en train de le redécouvrir laborieusement sur les ruines du dressage à l'ancienne. Enlevons l'inculcation plus ou moins coercitive, il reste la nécessité de pourvoir l'enfant de « repères » et de « limites », comme on dit aujourd'hui, dans un vocabulaire qui rend fort mal compte de ce qui se joue au travers de ce guidage. On peut même dire qu'il occulte, par sa centration exclusive sur la monade psychique, la véritable nature d'un processus où tout se passe dans la relation – relation avec l'adulte et relation avec le monde où il s'agit d'entrer – et non entre l'enfant et lui-même. La constitution de l'individualité, pour donner à ce processus le nom qui lui convient, requiert des points d'appui, parce qu'elle a pour enjeu d'entrer dans un monde qui ne vous a pas attendu pour exister, et qui de ce fait même vous exclut, et de devenir un de ses membres de plein exercice, à l'instar de ceux qui sont déjà là. Le système en place est tellement opaque, ses règles tellement insaisissables, le mur est tellement haut que la tâche serait impossible sans le truchement d'alliés dans la place, qui connaissent la partition sur le bout des doigts tout en étant de votre côté. Nul ne saurait rejoindre la condition commune sans la médiation d'une autorité capable d'arbitrer, aux différentes étapes du parcours, entre ce qu'exige le principe de réalité et ce que peut en saisir le candidat à grandir, c'est-à-dire à devenir comme les autres.

Ce rôle se retrouve, sous d'autres visages, à tous les étages du fonctionnement cognitif, de la plus humble initiation aux savoirs élémentaires aux plus hautes constructions de la connaissance. C'est que toute formation signifiante, y compris et surtout la plus logiquement organisée, se présente comme ésotérique. Elle ne se donne jamais dans la transparence, même ramenée à ses éléments premiers et liée par des opérations en principe immédiatement lisibles par l'esprit. On en a eu une illustration saisissante *a contrario*, avec l'échec majeur de la démocratisation par les mathématiques. Le règne de l'évidence et de la rigueur, nous expliquait-on, allait venir à bout des barrières de classe, grâce à son universalisme, à la différence des connivences langagières entretenues par la culture humaniste et « bourgeoise », avec ses effets d'exclusion. On a vu le résultat, et on aimerait plus de réflexion sur les raisons pour lesquelles il s'est révélé l'inverse de celui attendu. La vérité est qu'il n'y a pas plus initiatique et cryptique que le langage mathématique (et pas de plus propice, avec le langage musical, à la transmission héréditaire et personnelle). Cet hermétisme spontané ne se lève que moyennant le secours d'un interprète en mesure de vous familiariser avec ses arcanes. S'il est besoin d'autorité, c'est pour affronter cette essentielle obscurité inhérente à la nature symbolique de l'univers humain.

La propriété est tellement générale que le problème ne cesse jamais ; il renaît sous un nouveau jour à chaque niveau, jusqu'au plus haut. C'est pourquoi l'univers de la culture est peuplé d'« autorités » qui continuent inépuisablement, par leurs œuvres, à nous servir d'intermédiaires face à la difficulté de déchiffrer son expérience et le monde qui nous environne. Une pensée ne se forme qu'en élisant une ou des autorités qu'elle discute. Un truchement est nécessaire pour parvenir à se comprendre soi-même. C'est aussi qu'une pensée formée par-devers soi n'a de sens et d'intérêt que si elle vaut pour les autres et que si elle est susceptible de les convaincre. Elle se doit de répondre à une conviction personnelle, mais elle n'a de portée qu'en fonction de sa recevabilité commune. C'est cette tension qui confie à la figure de l'autorité son statut d'intermédiaire indispensable. Elle est l'articulation appelée par la dialectique de la quête individuelle et de la validité collective qu'implique n'importe quelle démarche de connaissance ou n'importe quelle visée d'intelligibilité.

Cette faculté médiatrice est tout autant à l'œuvre, enfin, et tout aussi nécessaire dans le champ politique. De lui-même, le peuple souverain ne parle pas, en réalité : il répond. Il délibère et se définit en fonction des propositions qui lui sont faites. Il prend corps, en quelque sorte, dans l'échange avec les pôles d'autorité que représentent les personnalités et les partis en compétition pour ses suffrages. Car si on obéit au pouvoir une fois formé, dans la démocratie comme dans n'importe quel régime antérieur, on dialogue, en revanche, avec l'autorité que constitue ce personnel très particulier qui prend sur lui de formuler des projets pour la communauté politique et de se désigner au choix de ses concitoyens. Cette dissociation fonctionnelle de l'autorité et du pouvoir signifie que si le politique, dans la démocratie, n'est plus médiateur entre le ciel et la terre, entre l'ordre humain et ses raisons surnaturelles, il est médiateur entre le corps politique et lui-même. Il lui permet d'exister comme une communauté d'action, rassemblée autour de sa puissance de décision. L'autorité, dans le processus de la démocratie représentative, est proprement ce qui fait le pont entre les citoyens individuels et le souverain collectif ; elle est le moyen grâce auquel chacun des membres de la communauté politique peut se sentir partie prenante des choix effectués au nom de tous.

L'enseignement, le savoir, l'institution

Il fallait passer par cette mise en perspective générale pour prendre une juste mesure de la façon dont le problème se pose dans le champ éducatif. Car sur ce chapitre comme sur d'autres, l'école est prise dans un maelström civilisationnel qui la dépasse et auquel il est vain de vouloir apporter des réponses purement pédagogiques. Ce n'est qu'en replaçant le problème dans le cadre qui le commande qu'il devient possible d'avoir prise sur lui.

Une ère de l'autorité s'achève, une autre commence. Une mise en forme archi-millénaire de la soumission à plus haut que soi et de commandement au nom de plus haut que soi achève d'expirer et de se dissoudre sous nos yeux. Une autre mise en forme se cherche, dans les rapports sociaux, de ce qui n'en continue pas moins de précéder et de dépasser les individus. L'autorité n'est aucunement destinée à disparaître ; elle est un rouage constitutif du mécanisme social ; elle est inhérente à l'articulation de l'être-soi et de l'être-ensemble, dont elle représente l'une des modalités fondamentales. Il s'agit seulement de lui trouver des manières de se présenter et de s'exercer compatibles avec notre sentiment renouvelé de l'égalité et de l'indépendance des êtres. Elle devrait même avoir un bel avenir, en bonne logique, fondée qu'elle est sur la reconnaissance et le consentement. Une démocratie digne de ce nom ne se devrait-elle pas, en effet, de fonctionner de préférence à l'autorité, plutôt qu'à la puissance, dont les moyens ne peuvent que lui répugner, et au pouvoir, indispensable, mais dont le formalisme juridique se prête à tous les détournements que l'on sait ?

Si le problème est aussi vif dans le champ éducatif, c'est que l'institution scolaire est de toutes, parmi les institutions publiques, celle qui en appelle le plus purement à l'autorité, à l'exclusion du pouvoir et de la puissance. L'élément propre de la relation éducative, tant familiale que scolaire, c'est l'élément de l'autorité. Il n'y a au fond, de ce point de vue, qu'une autre institution comparable, parce que comme elle, elle suppose le consentement des intéressés : c'est l'Église. Sauf que l'Église n'est justement plus une institution publique et que les fidèles ont toute liberté d'en sortir. Le problème spécifique de l'école, c'est qu'elle doit trouver le moyen d'accorder l'obligation sociale de passer par elle avec l'adhésion personnelle des élèves à ses buts. Où l'on discerne, au passage, le rôle crucial des familles. Car c'est aux parents que l'obligation s'applique, et s'ils ne font pas le travail d'en assumer le sens et de le communiquer à leurs enfants, l'école aura de la peine à obtenir la mobilisation de ces derniers. Or c'est le seul ressort sur lequel elle puisse compter. Chacun sait les limites de l'injonction en la matière. Nul, en dernier ressort, ne peut être forcé d'apprendre. La possibilité de l'éducation commence là où s'arrête la contrainte légale et là où le recours à la force est proscrit.

Il faut franchir un pas de plus : l'autorité est une condition de l'éducation, du point de vue même de celui qui doit être éduqué.

Nul ne s'éduque lui-même. Chaque nouvel entrant dans le monde se trouve jeté dans un océan opaque de codes et de règles qui l'enveloppent sans qu'il en ait la moindre maîtrise – épreuve terrifiante dont personne ne se remet jamais complètement, et qui constitue la véritable racine psychique de l'énigmatique propension humaine à la soumission. Il ne saurait acquérir les clés élémentaires de cet environnement et les moyens minimaux d'y évoluer sans le secours des adultes. À quoi il faut ajouter que cette appropriation ne se fait pas toute seule, par une adaptation plus ou moins automatique et selon un développement endogène ; elle exige un travail considérable sur soi, dont là aussi personne ne saurait venir à bout par ses seuls moyens.

Dans l'autre sens, aucune société ne peut se désintéresser de sa propre perpétuation. Il est consubstantiel à son existence d'assurer sa continuité dans le temps par un processus de reproduction biologique et culturelle. En ce sens, il n'y a pas de société sans éducation, sans un effort concerté pour se pourvoir des êtres en mesure de garantir sa pérennité. Avec toutefois l'énorme différence qui sépare les sociétés de tradition, pour lesquelles il ne s'agit que de reconduire à l'identique l'ordre existant, et la société d'invention, la nôtre, où il s'agit de procurer aux nouveaux venus, en plus de la maîtrise de l'acquis, les moyens individuels d'un progrès futur. Ce n'est qu'avec cette dernière que se développe l'entreprise éducative au sens plein du terme, telle que nous l'entendons, avec son accent placé sur la formation de l'individualité. Pour les premières, l'objet est avant tout de s'assurer de la conformité des nouveaux venus aux nécessités de ce qui fut et de ce qui sera, moyennant une saisie des êtres par le collectif, dont l'initiation fournit le type idéal. Elle met en scène, dans l'épreuve, la capacité personnelle de se conduire en champion d'une loi intangible, qu'on choisit tellement peu qu'elle s'objective en se gravant dans la chair. Car les sociétés humaines sont des sociétés de personnes, de telle sorte que la plus convaincue de l'immuabilité surnaturelle de son ordre n'en suppose pas moins l'adhésion réfléchie de ses membres à son principe, et leur puissance de le mettre en œuvre en connaissance de cause. L'originalité des sociétés modernes, en regard, réside dans le changement des moyens de cette adhésion personnelle, qui la rend compatible avec l'indépendance individuelle, parce qu'elle est fondée en raison. Elle est supposée passer par la compréhension des règles du jeu social ; elle a pour horizon la participation au choix collectif dont lesdites règles peuvent faire l'objet ; elle entend cultiver la faculté d'innovation chez les acteurs. Mais cette orientation individualisante de l'éducation des modernes ne doit pas dissimuler la présence de la contrainte collective. Elle est là, et plus que jamais là. Elle va dans le sens de l'individualisation, simplement, parce que nous vivons dans une société d'individus. L'impératif – paradoxal – est de se soumettre à la loi commune en acquérant les moyens de se conduire en individu indépendant.

Ce paradoxe n'est pas étranger aux incertitudes profondes dans lesquelles se débat l'institution scolaire. D'un côté, l'obligation *de* l'école augmente, en fonction de la pression sociale à former des individus et de l'idée que seule la formation fait des individus, le niveau en la matière n'étant jamais assez élevé. De l'autre côté, l'obligation *dans* l'école diminue, au nom de la logique de l'individu et de l'idée que lui seul peut « construire ses savoirs » et déterminer le parcours qui lui convient – idée dont on ne saurait trop souligner que sa stricte conformité aux prémisses individualistes ne l'empêche pas d'être contraire à toute vérité de l'expérience consistant à entrer dans un monde déjà là. D'où les effets de désorientation qui résultent de cette exigence sans visage. Jamais la demande sociale de formation n'a été aussi forte – on remarquera à ce propos que s'il est un impératif sur lequel la pédagogie la plus libertaire ne transige pas, c'est celui d'aller à l'école, comme s'il allait de soi, et comme si le « fais comme tu veux, à condition que tu fasses ce que je veux », auquel il équivaut, pouvait rester sans conséquences ! Et de fait, jamais le destin social des individus n'a été autant suspendu à leur bagage scolaire et à leur niveau d'études. Dans le même temps, néanmoins, jamais la capacité de donner une traduction institutionnelle à cette demande n'a été aussi faible. Car à l'illusion de perspective inhérente à l'individualisme, s'ajoute la crise spécifique de l'*institutionnalité*, crise générale, nullement propre au champ éducatif, crise liée à cette liquidation terminale du surplomb impératif hérité des temps de religion qu'on a évoquée plus haut, une crise de la matérialisation symbolique des finalités collectives dans des appareils ou des mécanismes sociaux.

S'agissant de l'éducation, les finalités sont là, consensuelles, claires pour tout le monde, omniprésentes[1]. Mais elles ne parviennent pas à se cristalliser dans une institution fermement investie par le consentement collectif et ressentie par l'ensemble des acteurs comme fondamentalement adéquate à sa mission, quels que soient les aménagements à lui apporter pour la rendre, justement, plus adéquate à sa mission. Cela, parce que le mode de symbolisation de l'être-ensemble est en pleine phase de décomposition-recomposition – nous sommes, de ce point de vue, dans un moment de transition caractérisé par l'évanescence, non pas du collectif comme tel, mais de sa faculté à objectiver ses fonctions dans des structures publiques stables. Cela, aussi, parce que interviennent en outre des facteurs propres au champ éducatif, avec un poids démultiplié par cette conjoncture globale : la poussée des valeurs privées issues de la famille et relayées par les médias, la délégitimation des savoirs, l'une et l'autre examinées par ailleurs dans ce volume, et, bien entendu, le fantasme d'autodidaxie entretenu par la radicalisation de l'individualisme. Mais ce parasitage idéologique n'aurait qu'un impact limité sans le brouillage de la consistance institutionnelle. C'est dans

1. Les *finalités,* entendues dans la rigueur du terme, découlent des principes individualistes en vigueur dans nos sociétés : l'école est là pour armer les personnes dans l'exercice futur de leur liberté. Elles sont à distinguer des *objectifs* par lesquels l'éducation scolaire s'efforce de répondre à ces finalités, en même temps qu'à la question pratique : quels sont les instruments indispensables aujourd'hui à la jouissance de ce statut d'individu ? Autre chose encore sont les *moyens* pédagogiques de nature à permettre d'atteindre ces objectifs. Si le consensus règne sur les finalités, la plus grande confusion prévaut sur les objectifs. Quant aux moyens, ils font l'objet d'un dissensus larvé, notamment entre les familles et l'institution scolaire.

le vide creusé par celui-ci que s'engouffrent les démagogies. Elles achèvent d'obscurcir les conditions auxquelles cette puissante demande de former des individus pourrait trouver des débouchés efficaces.

L'autorité se situe exactement au carrefour de ces requêtes en attente de traduction. Elle est le terme médiateur qui permet de tenir ensemble les différentes entrées du problème. Elle est la solution de l'antinomie cachée dans ce mot d'ordre de « former des individus », dont la fausse limpidité recouvre un abîme de contradictions. Car un individu ne peut pas plus se former de son propre mouvement, par l'intérieur, qu'il ne peut être formé de l'extérieur. Il lui est impossible de savoir ce qu'il devrait savoir pour devenir pleinement un individu ; mais il n'est pas davantage possible de construire son statut d'individu à sa place. Il ne peut pas y accéder du dedans, et vouloir l'y amener du dehors, c'est le détruire. Ce sont ces contradictions, venues de loin, mais longtemps contenues par le compromis entre les principes modernes et l'ancienne forme des rapports sociaux, qui nous explosent à la figure. L'autorité est l'unique moyen de les maîtriser, tant du côté de l'individu que du côté de la société qui réclame cet individu.

L'urgence, du côté de l'individu, est au réalisme quant au caractère problématique, voire dramatique, de l'entrée dans le monde, contre l'illusion majeure de l'autoconstruction de la personnalité dans le vide sidéral. La question ne se posait pas tout le temps où il ne s'agissait que de « socialiser » le nouveau venu en le conformant à la culture ambiante. Elle s'est ouverte avec la reconnaissance de son individualité précoce et le rejet concomitant de ce moulage conformiste. Mais c'est une autre manière de la refermer que de croire à la spontanéité autocentrée de cette procédure d'admission, comme si la découverte progressive des règles du jeu suffisait à garantir naturellement l'accès au statut de joueur à part entière. La vérité est que le nouveau venu ne peut pas ne pas ressentir la pression de cet univers compact dans lequel il est jeté et où il lui est enjoint de s'inscrire, alors que tout y est déjà codifié, prévu, agencé, relié. La lui dissimuler, vouloir l'en protéger, comme s'il était possible de la lui épargner, c'est le désarmer, lui rendre l'épreuve encore plus redoutable, l'enfermer dans le sentiment qu'« il n'est pas capable », qu'« il n'y arrivera jamais ». Il faut au contraire assumer socialement cette pression, l'expliciter institutionnellement dans ce qu'elle a d'incontournable. C'est tout le sens de la reconnaissance de l'autorité de l'éducateur, étant entendu, simultanément, qu'elle n'est là que pour le passeur qu'elle promet au nouveau venu devant ce gué redoutable. Elle l'assure d'un intercesseur, d'un allié dans la place, qui sera d'autant plus sûr qu'il ne cache rien des embûches du parcours à franchir. L'enjeu de l'autorité éducative, dans le système symbolique de nos sociétés, n'est rien d'autre, en fin de compte, que la garantie publique de l'accessibilité du monde commun.

Dans l'autre sens, du côté de la société, cette concrétisation consentie de l'inévitable pression du collectif sous les traits de l'autorité éducative est la garantie que ce sont bien des individus qui seront au rendez-vous, et non des produits amorphes de la contrainte sociale. Son principe d'englobement y trouve son compte, mais sur un mode compatible avec sa visée finale. L'autorité est l'unique médiation possible entre le commandement d'ensemble et la reconnaissance des individualités, s'agissant de cette entreprise impossible qui consiste à former des individus.

Elle offre la seule voie praticable pour dominer autant que faire se peut les paradoxes de cette obligation de liberté. Elle permet de se placer du point de vue de cet individu qu'il s'agit de pourvoir des moyens de sa liberté, sans dissimuler qu'il s'agit d'une condition imposée et non d'un état de nature.

Bref, s'il est un accord possible entre la nécessité de passer par les autres pour s'éduquer et le besoin de la société de se reproduire, dans le respect de l'indépendance de ses membres, c'est autour d'elle qu'il est destiné à se nouer. Il n'est pas d'autre instrument pour accorder l'intérêt de l'enfant à rejoindre la communauté de ses pareils et l'intérêt de la communauté des individus à se donner une relève à la hauteur de ses réquisitions. Voilà ce qui laisse penser que l'autorité, bien comprise dans sa nature et sa fonction, est appelée à constituer plus que jamais l'élément de l'éducation.

Sauf que l'autorité en question n'existe pas à l'état naturel, pas plus qu'elle ne se mobilise par décret. On pouvait avoir cette impression, à l'époque, pas si lointaine, où elle semblait habiter les institutions et empreindre les rapports sociaux. Mais ce n'était en réalité qu'un lointain héritage de l'âge sacral, qui s'est dissipé sans retour. Si sa potentialité est intacte, en tant que modalité structurelle du lien interhumain, elle ne se manifeste plus que de façon sporadique, ponctuelle, erratique, voire volontiers aberrante. Elle n'a plus ni présence immédiate, ni efficacité globale.

C'est spécialement vrai dans le domaine éducatif, où les deux piliers qui soutenaient l'autorité enseignante, l'impératif du savoir et la légitimité de l'institution, se sont affaissés. Il reste l'éventuelle autorité « naturelle » de l'enseignant. Elle existe, et elle mérite d'être interrogée. L'analyse de ce talent personnel pour l'exercice de l'autorité est une voie d'entrée comme une autre pour l'intelligence du phénomène. Mais ce talent, par cela même qu'il est strictement individuel, ne saurait constituer une réponse à un problème d'ordre général et impersonnel. Surtout dans un climat de schizophrénie officielle où l'appel à cette autorité « naturelle » s'accompagne de la disqualification des bases sur lesquelles elle pourrait s'appuyer. Car l'autorité, encore une fois, est représentative. Elle fonctionne à l'incarnation d'autre chose et de plus haut que celui qui la porte, en l'occurrence la nécessité du savoir et la mission formatrice impartie à l'institution scolaire par la collectivité. On a vu précédemment les raisons qui ont sapé la légitimité de l'institution en général, avec la capacité qu'elle conservait de symboliser et de relayer la prééminence du collectif, sous l'aspect par exemple, dans le champ éducatif, du droit de la collectivité de se saisir des individus pour les approprier à ses fins. On a dégagé ailleurs dans ce livre les motifs qui ont brouillé le sens des savoirs et corrodé l'existence de leur incorporation. Inutile de les développer de nouveau. C'est cela qui détermine la crise de l'autorité ; elle est d'abord la crise de ce qui conférait autorité aux enseignants. Quand ces normes et valeurs étaient dans leur vigueur, tous étaient peu ou prou investis d'autorité, y compris les moins bien pourvus en autorité « naturelle ». Inutile non plus de s'étendre une fois de plus sur ce qu'il y a d'inéluctable dans cette désagrégation. Ce qui ne l'est aucunement, en revanche, c'est l'illusion d'optique qu'elle a engendrée, et l'impasse individualiste sur laquelle elle a débouché, comme si les besoins de l'individu pouvaient effacer la précédence objective du savoir et la logique de la forme institutionnelle. C'est cette illusion de perspective qu'encourage démagogiquement le discours officiel, tout en faisant appel à l'autorité qu'elle tend à rendre impossible – il ne serait pas difficile de montrer que l'autorité « naturelle », lorsqu'elle se rencontre, dans ce contexte, vit du renvoi à ce qui subsiste et ne peut que subsister du sens de la transcendance du savoir et de la consistance de l'institution.

Ce sont ces germes inscrits dans la résistance du réel qu'il s'agit de développer. Si on en arrive à la conclusion que le concours de l'autorité est indispensable, alors il faut la produire, c'est-à-dire en créer les conditions. Celles-ci ne seront plus jamais celles du passé. Elles sont à reconstruire sur d'autres bases, qui ne peuvent être que démocratiques. C'est du consensus rationnel des citoyens qu'elles doivent être faites. On a esquissé, à propos des savoirs, les quelques points élémentaires autour desquels un tel accord des esprits paraît imaginable. Il faut en faire autant à propos de l'institution. Ce qui lui rendra sa légitimité, et sa pleine consistance d'institution, c'est un large accord autour de ses missions et de ses conditions de fonctionnement, accord susceptible dès lors de coaguler dans un corps de règles et de procédures spontanément acceptées. Dans un tel cadre, l'autorité retrouvera « naturellement » droit de cité. Elle pourra même y donner la mesure de ses ressources en tant qu'économiseur de violence. Elle aura enfin la possibilité d'exprimer le potentiel inscrit en elle depuis toujours, mais que son association avec l'imposition hétéronome inhibait depuis toujours, celle d'un instrument à neutraliser autant que faire se peut la dimension de contrainte inséparable de l'être-en-société. Elle véhicule l'obligation, sans doute, mais sur un mode qui la rend acceptable, parce que partageable. S'il est permis d'espérer, un jour, une société un peu moins brutale, c'est de son côté qu'il faut l'attendre.

Annexe

Esquisse d'une histoire des critiques de l'autorité en éducation

L'arrivée de l'autorité sur la sellette ne date pas de 1968, contrairement à un cliché que ses chantres et ses contempteurs s'accordent pour entretenir. La moindre attention portée à l'histoire de l'école montre qu'un certain rejet de l'autorité, en tout cas une critique acerbe de ses formes brutales, de la domination de principe de l'enfant par l'adulte, ainsi qu'une aspiration à libérer l'enfant se sont manifestés dès le XIXe siècle.

Il est donc trompeur d'opposer de manière manichéenne une école traditionnelle, avec sa discipline rigide, et l'école moderne, inspirée par des pédagogies dites nouvelles, souple et tolérante envers l'enfant. Dès le début de l'école républicaine, en France, le recul de l'autoritarisme, sinon de l'autorité elle-même, a été un projet, un programme. Certes, il y a loin des idéaux à leur mise en pratique, et l'on peut supposer que l'ambition intellectuelle des créateurs du système n'a pas eu nécessairement l'influence souhaitée sur le terrain. Il est cependant important de mesurer à quel point la critique de l'autorité est ancrée dans le projet républicain, dans sa culture, sans doute aussi dans les mentalités et l'*ethos* de ses acteurs, bien avant que des revendications plus radicales d'émancipation n'occupent le devant de la scène.

Une généalogie complète du problème est à écrire. Nous ne prétendons pas la dresser ici. Nous voudrions juste en poser quelques jalons, en suivant la typologie proposée plus haut. Nous considérerons successivement pour ce faire les trois strates selon lesquelles s'est développée la critique de l'autorité en éducation : la strate politique, la strate pédagogique, la strate psychologique.

L'école du citoyen libre

À partir du moment où il est acquis que le pouvoir ne peut être fondé que sur le consentement des citoyens, il devient clair que ce pouvoir légitime exige, au niveau de ses conditions d'application, la formation d'un citoyen rationnel, capable de résister aux dogmes et aux préjugés. C'est l'idée de Condorcet. Ce sera celle aussi des philosophes-pédagogues de la IIIe République[1] : tous défendront la formation du libre jugement, contre l'obéissance sans discussion.

Très tôt, en amont de l'école et de la philosophie de l'éducation, s'impose l'idée que l'augmentation de la liberté individuelle résulte d'un mouvement inéluctable de l'histoire. La question de savoir quelle éducation convient à l'époque que nous vivons, posée par le philo-

1. Parmi lesquels Ferdinand Buisson, Henri Marion et Alain.

sophe anglais Herbert Spencer dès 1861[1], question moderne par excellence, relève d'une telle philosophie. Pour lui, elle s'inscrit dans le cadre d'une société en mouvement, où les institutions et les intentions des hommes doivent s'adapter à une évolution qui leur échappe. Sa réponse est guidée par cette idée : l'autorité des règlements et des lois est destinée à céder la place à davantage de liberté individuelle, la contrainte doit disparaître pour faire place à un style de relations sociales plus égalitaires et contractuelles. En même temps, la concurrence s'ouvre devant ces individus libérés. La solidarité des temps anciens, puis l'intervention de l'État doivent être remplacées par la lutte entre individus, la préséance des meilleurs et des plus actifs valant bien la déchéance des moins doués.

En matière éducative, cette conception a de lourdes conséquences sur les méthodes préconisées et sur les finalités de l'éducation et de l'école. L'enjeu de l'éducation est de laisser libre cours à l'expression des talents individuels, de telle manière qu'ils entrent en concurrence et que l'inégalité naturelle s'en trouve garantie. À quoi bon, peut-on se demander, garantir le libre jeu des inégalités naturelles ? La conviction profonde de Spencer est que toutes les institutions sociales à visée corrective perturbent en pure perte la prééminence des meilleurs. C'est pourquoi il est adepte de ce que l'on nommerait aujourd'hui la déréglementation et le « moins d'État ». Il ne faut pas méconnaître ces attendus à la lecture de phrases aussi séduisantes que celle-ci :

1. Herbert Spencer, *De l'éducation*, textes choisis et présentés par Dominique Ottavi, Lyon, INRP, 2004.

« Dans son dogmatisme absolu, dans sa dure discipline, dans ses prohibitions multiples, dans sa foi dans les oracles humains, le vieux système d'éducation était frère du système social dont il était contemporain ; par contre, dans leurs caractères tout contraires, nos méthodes d'éducation moderne correspondent à nos institutions plus libérales, en matière religieuse et politique [1]. »

Le ton est donné. Si Spencer n'est pas un théoricien de l'école publique, il a été un véritable maître à penser dans la seconde partie du XIXe siècle dans toute l'Europe et même au-delà. Sa doctrine, au fond libertaire, mais imprégnée également de l'esprit conquérant de l'industrie en pleine expansion, connaît un succès important en dehors de l'horizon culturel et idéologique de son auteur. Son discours anti-autoritaire en matière d'éducation, à la fois programme et constat, revendication politique et conclusion à partir du progrès scientifique, s'impose et fédère des arguments différents. Il cristallise par exemple le rejet des châtiments corporels.

En revanche, les philosophes français de l'entourage de Jules Ferry, Ferdinand Buisson, Henri Marion, Félix Pécaut, trouvent leurs références dans la philosophie rationaliste française, le kantisme et l'empirisme ; ils ne partagent pas ce que l'on pourrait nommer l'industrialisme anarchisant de Spencer. Néanmoins, ils sont unanimes dans la dénonciation de l'autoritarisme qui se focalise volontiers sur les châtiments corporels. Même si, à leur époque, les mauvais traitements ne sont plus la norme de l'inculcation éducative, ils trouvent là un

1. Herbert Spencer, *De l'Éducation* [1861, traduction française : 1879], Paris, Germer Baillière, 6e édition, 1885, p. 90-92.

moyen de dramatiser leur combat pour la liberté de l'élève, qu'ils estiment être une condition et une préfiguration de la liberté du citoyen.

C'est ainsi que l'article « Punitions », rédigé par Ferdinand Buisson dans le *Dictionnaire de pédagogie*[1], présente l'œuvre de l'école républicaine comme une étape décisive d'une lutte immémoriale entre bienveillance et brutalité à l'égard des élèves, et construit autour de l'acte de punir une éthique, elle-même fondée sur le mouvement de l'histoire. La figure d'Orbilius, le maître fouettard stigmatisé par Horace, fait office de repoussoir, mais des excès inverses peuvent aussi être repérés dans l'Antiquité. C'est ainsi que Buisson cite Plaute : « Aujourd'hui, avant qu'un marmot ait sept ans, si on a le malheur de le toucher du doigt, il casse la tête de son maître avec sa tablette. Va-t-on se plaindre au père : Ah ! ça, misérable vieux, dit-il à l'esclave, ne t'avise pas de frapper mon fils parce qu'il a du cœur ![2] »

Entre ces extrêmes que sont l'autorité confondue avec la contrainte et la violence, et la douceur destructrice de toute autorité, il faut construire une autorité pédagogique compatible avec la liberté du futur citoyen. Il ne s'agit donc pas, pour Buisson, de réclamer la douceur pour elle-même mais d'épouser la tendance, présente dans l'humanisme de la Renaissance et manifeste dans les réalisations de la Révolution française, à la reconnaissance de la dignité de l'enfant, et de ses droits, à commencer par celui d'un développement harmonieux de ses facultés. La disparition des châtiments corporels couronne cette

1. Ferdinand Buisson, « Punitions », *in Dictionnaire de pédagogie et d'instruction primaire*, 1883-1887, t. II, p. 2486.
2. *Ibid.*

évolution, sous-tendue par une philosophie de la punition où triomphe l'autorité morale. On peut résumer ainsi cette philosophie : la punition est condamnée en tant que moyen didactique, elle ne doit avoir qu'une visée morale, ce qui veut dire que les erreurs ou mauvais résultats ne doivent en eux-mêmes faire l'objet d'une sanction. Cette dernière doit toujours viser la répression, non l'expiation. Si un châtiment d'ordre physique intervient, il doit être réservé aux cas extrêmes. Ainsi, la punition est conçue moins comme un moyen de culpabilisation, ce à quoi renvoie la notion d'expiation avec sa connotation religieuse, que comme un moyen d'inculcation de la désapprobation publique et de la notion d'infraction. Impersonnelle et n'ayant pas pour but la souffrance, la punition fait exister la justice dans le milieu fermé de l'école, d'une manière plus pure qu'au milieu des aléas de l'existence ordinaire, et dans le prolongement de l'éducation familiale, du moins de l'autorité du père.

Très proche de Ferdinand Buisson, l'inspecteur Eugène Cuissart rédige dans le même *Dictionnaire de pédagogie* l'article « Autorité »[1]. Il y insiste beaucoup sur le consentement des élèves, même si celui-ci doit rester implicite. Si le pouvoir confié au maître ou au professeur est exercé dans l'intérêt des élèves, c'est-à-dire dans le but de développer leur autonomie morale, la pertinence intellectuelle et la justice de ses décisions permettent d'espérer l'obéissance. Cette obéissance est une vertu compatible avec la liberté, du moment qu'elle résulte

1. Eugène Cuissart, « Autorité », *in Dictionnaire de pédagogie et d'instruction primaire*, *op. cit.*, t. I, p. 146 et *sq*.

non de la crainte ou de la contrainte, mais de la reconnaissance d'une légitimité du pouvoir du maître. Ceci pourrait sembler bien abstrait et bien naïf si Cuissart n'envisageait pas avec bon sens l'éventualité de la désobéissance, en présence même du meilleur enseignant… Pour lui, l'autorité légitime demeure potentiellement reconnue dans des situations de crise où le maître est contraint d'imposer. Mais, même dans ce cas, l'imposition ne change pas de nature, elle doit profiter *in fine* à ceux qui la subissent : « Il ne dit *je le veux* que quand il est sûr que l'enfant comprend et approuve tout bas cet acte d'autorité[1]. » Obéissance et reconnaissance implicites de l'autorité légitime peuvent, vues de l'extérieur, ressembler beaucoup à la simple imposition de la volonté de l'adulte à l'enfant, mais dans le principe il n'en est rien, car la source de l'autorité est la reconnaissance d'une fin légitime, qui est l'autonomie du sujet éduqué.

C'est pourquoi, quand il s'agit des moyens de l'autorité, Cuissart évoque en premier les ressorts de l'affection, de l'émulation, de l'espoir des récompenses, des encouragements. Les moyens négatifs, dans l'idéal, seraient supprimés, même si dans la réalité ils sont nécessaires.

La réflexion la plus aboutie sur le problème de l'autorité au sein de l'école dans le contexte d'alors est sans doute celle d'un grand officiel de l'Instruction publique,

1. Notons que Kojève, dans sa phénoménologie de l'autorité, insistera à son tour sur la dimension de liberté inhérente à son exercice : « L'acte autoritaire se distingue de tous les autres par le fait qu'il ne rencontre pas d'opposition de la part de celui ou de ceux sur qui il est dirigé. Ce qui présuppose d'une part la possibilité d'une opposition et de l'autre, le renoncement conscient et volontaire à la réalisation de cette possibilité. » Alexandre Kojève, *La Notion de l'autorité*, *op. cit.*, p. 58.

Octave Gréard[1]. Pour celui-ci, c'est justement cette notion d'émulation qui est au centre des relations dans le milieu scolaire, raison pour laquelle celui-ci est, par excellence, le lieu de la formation du sujet moral et politique. Méfiant vis-à-vis du message spencérien que nous avons évoqué, Gréard distingue avec soin l'émulation de la concurrence. Le fait de réunir les enfants à l'école, et plus particulièrement dans une classe, constitue une situation éducative par elle-même, à condition de bien distinguer l'émulation, qui est comparaison, de la concurrence, qui est lutte. L'émulation, héritage d'une ancienne tradition pédagogique, implique que chacun prenne modèle sur les meilleurs pour envisager le possible et se dépasser soi-même. Il revient au maître de reconnaître et de récompenser le mérite, non dans un esprit de concurrence, mais pour que chacun puisse se situer, et vouloir l'effort nécessaire au progrès.

À l'aide de cette distinction rigoureuse, Octave Gréard oppose une pédagogie qui prend le risque, au nom de l'argument de la liberté, de mettre les individus en concurrence, à une pédagogie autoritaire qui, malgré les apparences, promeut véritablement la liberté en augmentant le pouvoir de l'individu, à commencer par la connaissance de soi, le pouvoir qu'il conquiert sur lui-même, le pouvoir de l'effort, le pouvoir d'apprendre. Gréard souhaite voir émerger au terme de l'émulation une élite distinguée par son mérite, c'est-à-dire ses talents et sa moralité, qui serait

1. L'inspecteur d'académie Octave Gréard (1828-1904), fut pendant plus de vingt ans vice-recteur de l'académie de Paris. Son œuvre de réformateur scolaire est immense. Ses ouvrages les plus significatifs sur la question qui nous intéresse sont *L'Esprit de discipline dans l'éducation*, Paris, Delalain, 1883, et *Éducation et Instruction*, Paris, Hachette, 1887.

« l'aristocratie du monde moderne ». En rupture avec les vieilles hiérarchies autoritaires, symboliques, arbitraires, la moderne démocratie articulerait la reconnaissance des qualités individuelles et l'intérêt général. Il n'admet pas l'individualisme concurrentiel de Spencer, qu'il décrit avec des formules empruntées à Rousseau : l'individu ne se compare qu'à lui-même et n'obéit à personne. Mais c'est pour se trouver livré à la brutalité de la lutte pour l'existence, où la seule légitimité de la réussite est la réussite elle-même. Ceci mène, pour Gréard, à un chaos, une juxtaposition d'individus qui ne font pas une société.

Il faudrait poursuivre cette investigation dans la philosophie politique et morale de l'école élaborée dans les années 1870-1900, mais ces exemples montrent déjà que, même si ces idéaux sont imprégnés de kantisme, les références de ces philosophes sont multiples et convergent vers une « théorie pratique », pour reprendre le terme de Durkheim. L'autorité qui trouve sa source dans l'affirmation de principe de la supériorité de l'adulte sur l'enfant n'est pas légitime. La légitimité d'une autorité vient de ce qu'elle peut attendre l'obéissance comme un acte de volonté. Et cette volonté, même lorsqu'elle demeure implicite et contredite par les faits, chez l'enfant, s'affirme quand il sait ou perçoit que contraintes, exigences, comparaisons, concourent à la promotion de son individualité et de sa responsabilité sociale. C'est pourquoi on peut dire que la critique radicale de l'autoritarisme, au sens d'affirmation de la suprématie de l'adulte, est de nature politique. Elle vise à former l'individu futur indissociablement en tant que sujet et en tant que citoyen. Là réside sans doute la principale différence avec les pédagogies nouvelles inspirées de la psychologie.

Il existe aussi un courant anti-autoritaire qui s'inscrit, à la même époque, dans la mouvance anarchiste, et dont il ne faut pas sous-estimer la contribution à la contestation de l'autorité dans le système scolaire[1], et cela jusque dans la culture contemporaine. Ce courant, fort éloigné de l'idée d'une délégation de l'autorité selon le consentement, refuse le fait même de l'autorité en général (« ni Dieu, ni Maître »), et exige une « suppression de l'autorité sous toutes ses formes[2] ». Il considère l'autorité comme la base, avec la propriété, d'une civilisation bourgeoise hostile au libre développement de la nature humaine. Ainsi Émile Henry formule-t-il l'idéal d'une société anarchiste : « Plus d'autorité, bien plus contraire au bonheur de l'humanité que les quelques excès qui pourraient se produire aux débuts d'une société libre.[3] » La liberté exclut le pouvoir politique tout autant que l'autorité. Une éducation libre doit viser le développement harmonieux d'une nature enfantine présumée bonne et pervertie par l'éducation familiale et la civilisation. Un tel postulat fait le lit plus ou moins avoué de bon nombre de pédagogies anti-autoritaires[4]. Nous observerons chez elles, à vrai dire, moins une critique de l'autorité en général qu'un effort pour déplacer l'exer-

1. En témoigne la création, en 1904, d'une école anti-autoritaire, « La Ruche », à Rambouillet, par Sébastien Faure, le fondateur du journal *Le Libertaire* (1895).

2. Fernand Pelloutier, « L'anarchisme et les syndicats ouvriers », *Les Temps nouveaux*, 2-8 novembre 1895.

3. Émile Henry, « Lettre au directeur de la Conciergerie », 27 fév. 1894, cité *in* Daniel Guérin, *Ni Dieu ni Maître*, Paris, Maspero, 1976, t. III, p. 64.

4. Avec une pertinente « critique de la critique » : Jakob Robert Schmid, *Le Maître-Camarade et la pédagogie libertaire* [1936], Paris, Maspero, 1971.

cice de l'autorité de la personne du maître vers les contraintes de l'organisation du travail ou de la bonne marche du groupe.

La critique libérale ou libertaire des conséquences néfastes de l'autorité ne va pas rester confinée à l'institution scolaire. Elle prendra une coloration explicitement politique dans les années 1920, sous l'effet du choc de la révolution russe de 1917. C'est le moment utopique de la révolution bolchevique, avec l'expérience de Makarenko, qui subjugue aussi bien John Dewey à Chicago que Célestin Freinet et Alexander Neill en Europe.

L'autonomie, condition des apprentissages

La critique républicaine n'entamait pas l'autorité du maître, dès lors qu'elle s'appuyait sur la raison. Il était convenu que la science restait la source légitime de l'autorité. Elle s'inscrivait dans le cadre d'une substitution du règne légitime de la science à l'empire arbitraire du dogme. Ce modèle va être mis en question autour de 1900, par une découverte pédagogique : l'élève doit découvrir par lui-même les savoirs à acquérir. Il doit faire l'expérience de la conquête rationnelle : l'imposition est anti-pédagogique.

Les inventeurs de cette nouvelle pédagogie déclarent s'inspirer de la philosophie de Jean-Jacques Rousseau, mais aussi des expériences de son disciple Johann Friedrich Pestalozzi, qui promeut des méthodes faisant la plus grande place à l'initiative de l'enfant, à son développement sensoriel et moteur. C'est ainsi que le premier institut de psychopédagogie, fondé à Genève en 1912 par le physiologiste et psychologue Édouard Claparède, porte le nom d'Institut Jean-Jacques Rousseau. Cet institut réunit en un même lieu l'étude psychologique de l'enfant, la pédagogie scientifique inspirée de la psychologie expérimentale, et la formation des maîtres. C'est là que s'enracine l'idéal, aujourd'hui bien galvaudé, de mettre « l'enfant au centre du processus éducatif » : la devise de l'Institut Jean-Jacques Rousseau était *Discat a puero magister* (« Il faut que le maître apprenne de l'enfant ») [1]. C'est aussi à Genève que prend son essor le Bureau international des écoles nouvelles, à l'initiative du pédagogue Adolphe Ferrière. Le BIEN, qui anticipe sur l'UNESCO, vise à centraliser les informations issues des tentatives pour impulser des méthodes actives et une nouvelle relation pédagogique de par le monde. Le vocable d'« écoles nouvelles » rassemble en fait des institutions hétérogènes, parmi lesquelles on peut trouver par exemple des écoles de plein air, centrées sur l'hygiène et l'équilibre psychophysiologique de l'enfant, ou des écoles visant l'éducation des élites, comme l'École des Roches [2]. En 1921, Adolphe Ferrière publie un texte aux allures, déjà, de manifeste : *L'Autonomie des écoliers. L'art de former des citoyens pour la nation et pour l'humanité* [3], dont les différentes éditions vont s'enrichir de tous les thèmes propres à mettre en valeur les capacités d'initiative des enfants : *self-government*, coopératives scolaires, scoutisme…

1. Voir Dominique Ottavi, *De Darwin à Piaget*, Paris, CNRS éditions, 2001.
2. *Les Études sociales*, n° 127-128, 1998.
3. Adolphe Ferrière, *L'Autonomie des écoliers. L'art de former des citoyens pour la nation et pour l'humanité*, Neuchâtel, Delachaux et Niestlé, 1921.

Pour aller au cœur du problème et de la vision de l'autorité engendrée potentiellement par ce courant de pensée en vérité multiforme, on peut se référer à l'œuvre du pédagogue, quelque peu oublié en dépit de l'influence qu'il a exercée, Roger Cousinet. Inventeur de la méthode de travail libre par groupes, il représente en quelque sorte par excellence cette critique, dans le mesure où il a voulu émanciper totalement l'enfant de la tutelle de l'adulte, et en faire la source et le moteur de sa propre éducation. Une position aussi radicale ne doit pas faire penser que toute pédagogie inspirée de la psychologie aboutit à de telles extrémités, comme nous le verrons à propos de la discussion engendrée par les expériences de Hambourg, l'une des sources de la pédagogie Freinet...

Roger Cousinet (1881-1973), philosophe, disciple de Durkheim avant la disparition de ce dernier, inspecteur de l'enseignement primaire, a, dans un premier temps, orienté sa réflexion sur la discipline dans un sens proche de la philosophie républicaine, renouvelée par l'approche sociologique[1]. Constatant la puissance du groupe et son pouvoir de modifier le comportement individuel, il est l'un des premiers à observer les tendances à la fragmentation et à l'auto-organisation du groupe-classe. Il n'en reste pas moins qu'il cherche des moyens pour restaurer l'autonomie individuelle et l'esprit critique de l'élève, observant que, lorsque se déclenche un chahut, la personnalité individuelle passe au second plan pour suivre une impulsion collective. Attentif aux mécanismes psychologiques de cet entraînement, s'inspirant, par exemple, de l'analyse du

1. Voir Laurent Gutierrez, Dominique Ottavi, *Roger Cousinet, un philosophe à l'épreuve de la pédagogie*, Lyon, INRP, 2005.

déclenchement du rire chez Bergson, il demeure attaché aux idéaux de développement moral et de responsabilité, sous l'égide du maître, en position d'enrayer, par son comportement, ces entraînements collectifs.

Mais Cousinet évolue très vite vers une position beaucoup plus originale et radicale, qui va le conduire à considérer l'autonomie de l'enfant comme le premier moteur de l'éducation. Non content d'imiter les méthodes d'autodiscipline expérimentées aux États-Unis (*self-government*), qui consistaient à confier des responsabilités d'organisation aux élèves au moyen, notamment de l'élection, il imagine une école qui serait un lieu de vie intégralement géré par les enfants.

La méthode du travail libre par groupes, noyau du système, est décrite ainsi par Cousinet : « J'ai voulu que ce travail ainsi organisé ressemblât parfaitement au jeu : les maîtres ne l'ont pas dirigé, ni conseillé. Les enfants ont travaillé librement, en choisissant les sujets d'étude qui leur plaisaient, et en se conformant, pour les traiter, à des règles que j'ai exposées ailleurs (principes et technique du travail collectif), tout à fait comme dans leurs jeux ils obéissent aux règles des jeux. Le choix des sujets d'étude et des matériaux de travail est resté aussi libre que le choix de leurs jeux et de l'activité qu'ils y déploient[1]. » Le groupe agit « par sa seule vertu », sans « enseignement moralisateur »[2].

Dans ce contexte, le rôle éducatif du maître n'est pas pensé, comme au début des réflexions de Cousinet, directement comme celui d'un éducateur moral. Il doit

1. Roger Cousinet, « L'auto-éducation et le travail collectif », *Pour l'ère nouvelle*, octobre 1923, p. 86-88.
2. *Ibid.*

d'abord placer les enfants « dans des situations naturelles », le travail collectif libre permettant alors « leur auto-éducation », Cousinet va jusqu'à dire que le succès de l'enseignement ne doit pas être dû au pédagogue. Ce dernier devient, comme on le dit aujourd'hui, une « ressource », l'action éducative consistant avant tout dans l'organisation de l'école, où il ne fait qu'accompagner les enfants dans leur activité *sui generis*[1]. « Les ennemis de l'enfant sont les éducateurs », ajoute-t-il dans une formule provocatrice. L'enfant devient une espèce à part, un groupe social, voire un peuple à part, son émancipation et son intégrité sont réclamées avec la même énergie que le respect d'une culture par des militants de droits de l'homme aujourd'hui.

Force est de constater que la version de 1943, « une méthode de travail libre par groupes », atténue grandement le ton de la première version de 1925[2]. Les années 1920 apparaissent comme un véritable « pic » de la modernité pédagogique, laissant des traces nombreuses alors même que sa radicalité disparaît.

Rien n'en témoigne mieux que l'attitude de Jakob Robert Schmid, l'auteur d'un livre-bilan paru dans les années 1930, *Le Maître-Camarade et la pédagogie libertaire*[3]. Le titre suggère qu'il y a là une défense de la liberté de l'enfant et de la subversion de la relation pédagogique. Cependant, une lecture précise de l'ouvrage montre qu'il

1. *Ibid.*, p. 2 et *sq.*
2. Roger Cousinet, *Une méthode de travail libre par groupes pour les enfants de deux à douze ans*, Paris, La Nouvelle Éducation, 1925.
3. Jakob Robert Schmid, *Le Maître-Camarade et la pédagogie libertaire, op. cit.*

s'agit plutôt d'une tentative d'en finir avec les excès du renversement de la relation maître-élève.

Après la Première Guerre mondiale, les écoles municipales de Hambourg puis de Berlin, profitant du libéralisme de leur tutelle, sont le théâtre d'expérimentations radicales en matière de pédagogie : ces écoles solidaristes ou communautaires sont dites aussi anarchistes, parce qu'elles tendent à fondre maîtres et élèves dans une même communauté en limitant au maximum la relation hiérarchique. À travers l'étude de différentes traces de ces expérimentations, périodiques, journaux d'instituteurs, revues d'écoliers, Schmid tente de retrouver l'esprit et la lettre de ces tentatives, dont l'idéal est résumé par le titre d'un ouvrage de Wilhelm Paulsen : *Le Dépassement de l'école*[1]. Programmes, horaires, division en classes, organisation matérielle, bulletins, examens, tout s'est prêté à innovation. Schmid fait état d'élèves qui arrivent à l'école en déclarant leur choix d'activité pour la matinée, le rôle du maître étant alors d'accompagner le projet de commentaires et de fournir le matériel nécessaire. Pendant la réalisation des travaux d'aménagement de jardins ou de dessin choisis par les élèves, le maître est disponible pour conseiller et aider. Les élèves l'appellent par son prénom, c'est un maître-camarade. « Ayons le courage du chaos », va jusqu'à dire une formule citée par Schmid : le risque valait d'être couru pour parvenir à l'autonomie du groupe.

La position de Schmid est sceptique. Il relève le danger de l'emprise que peuvent prendre les maîtres sur les élèves, à la faveur de l'abolition des relations institutionnelles traditionnelles[2]. Il dénonce aussi le piège de l'idéalisation

1. Wilhelm Paulsen, *Die Überwindung der Schule*, Leipzig, 1926.
2. Voir sur cette question Annick Ohayon, *in L'Éducation nouvelle*,

de l'enfance. Un propos d'un maître de Hambourg retenu par Schmid est particulièrement éloquent à cet égard : « Qu'est-ce qui nous empêche d'admettre aujourd'hui que l'enfance est le faîte de l'existence et de considérer l'âge mûr comme une descente, un decrescendo dans la vie ? Et peut-être allons-nous vers une époque qui verra ce renversement de l'appréciation des âges de la vie : tandis que jusqu'à présent notre manière d'être, notre vie publique ont été sous l'influence intellectuelle de l'âge mûr, elles seraient à l'avenir influencées par l'esprit de la jeunesse. Peut-être, espérons-le ! [1] »

Certains pédagogues de Hambourg vont jusqu'au bout de l'idée de développement autonome de l'enfant, qui débouche sur une conception radicale, elle aussi, de la neutralité scolaire : ils vont jusqu'à nier la notion de but de l'éducation. Excessif, leur point de vue n'en est pas moins révélateur des exigences du moment, considère Schmid : à une époque où la scolarisation gagne du terrain, l'emprise éducative risque d'engendrer des réactions de révolte chez les jeunes. Méconnaître ce mouvement inéluctable serait vain. Le pouvoir de révélation des pédagogies anarchistes lui paraît devoir être pris en compte pour toute pensée éducative appropriée à la modernité.

Schmid cherche la solution dans l'éducation nouvelle proprement dite, clarifiée dans ses principes. Pour lui, une éducation qui remet en cause les méthodes et le style des relations adultes-enfants n'implique pas forcément une pédagogie « libertaire », en ce sens qu'elle abolit

---

op. cit., et Danielle Milhaud-Cappe, *Freud et le mouvement de pédagogie psychanalytique*, Paris, Vrin, 2007.

1. Jakob Robert Schmid, *Le Maître-camarade et la pédagogie libertaire*, *op. cit.*, p. 51.

l'autorité de l'adulte et son pouvoir de décider d'un certain nombre d'aspects essentiels des activités de l'enfant ou de l'adolescent.

Pourquoi, se demande-t-il, les écoles de Hambourg ont-elles finalement échoué ? Au-delà des circonstances historiques, de la crise économique, de la montée du national-socialisme, facteurs qui doivent évidemment être pris en compte, Schmid avance une explication de fond : une telle espérance placée dans l'enfant fait peser sur lui une charge trop lourde. Les adultes qui attendent tant de l'enfant ignorent finalement son altérité, sa spécificité. Ces pédagogues, avec leur approche exclusivement politique de l'éducation ont voulu remplacer une oppression par une émancipation mais, quand il s'agit de l'enfant, ces deux mots ne peuvent avoir le même sens que quand il s'agit des adultes. Avec une argumentation qui anticipe sur celle d'Hannah Arendt[1], Schmid considère que la spécificité de l'enfant consiste en une dépendance, préalable à toute émancipation future. L'enfant a une représentation du monde, un usage du langage, une psychologie qui lui sont propres. On ne peut les ignorer sans qu'un certain nombre d'erreurs surgissent, comme de compter sur le jeu pour motiver au travail, ou de confondre les produits de l'imagination enfantine avec l'œuvre d'art.

Une relation moderne à l'enfant et à l'élève consiste à prendre acte du recul de l'autorité brutale et de l'exigence croissante de l'autonomie individuelle. Le maître peut y conserver une autorité, de manière tout à fait différente de la relation frontale héritée des Pères et telle qu'elle demeure, par exemple dans l'école républicaine

1. Hannah Arendt, « Qu'est-ce que l'autorité ? », *in La Crise de la culture, op. cit.*

française. Invisible, dans l'idéal, en tant que contrainte ou coercition, comme le voulait Rousseau, cette autorité se traduit dans la responsabilité des activités proposées, dans l'attention à l'individualité des élèves et les sollicitations de leur activité, dans la recherche de la justice. Le maître conserve un rôle central, en tant que garant du but de l'éducation, qu'il cherche à traduire, au niveau de l'élève, en activités intéressantes et pourvues de sens. Pour Schmid, défendre l'éducation nouvelle contre la pédagogie libertaire, c'est prendre le parti de l'évolution contre la révolution, de la modération contre la radicalité, de la pédagogie contre la politique.

Cette radicalité se retrouve chez Célestin Freinet (1896-1966), même si sa manière d'envisager la rupture préserve davantage la forme scolaire. Son « école moderne » se distingue de l'école traditionnelle autant par son exclusion de l'autorité brutale et de la discipline extérieure que par son refus de l'intellectualisme « scolastique ». Le rejet de l'autorité s'exprime surtout, chez Freinet, dans un texte tardif, « Les Invariants pédagogiques », de 1964. L'un de ses premiers invariants énonce : « Nul, l'enfant pas plus que l'adulte, n'aime être commandé d'autorité[1]. » Par conséquent, « tout commandement autoritaire est une erreur », il doit être banni d'une pratique pédagogique éclairée. Mais Freinet reconnaît en même temps la nécessité de la discipline. C'est même un autre de ses invariants : « L'ordre et la discipline sont nécessaires en classe[2]. » Il proscrit le « manque anarchique d'organisation », la « licence » et le « laisser-aller ». Sauf que l'ordre

1. Célestin Freinet, « Les Invariants pédagogiques », n° 4.
2. *Ibid.*, n° 24.

et la discipline qui sont nécessaires doivent être obtenus par d'autres moyens que ceux de l'école traditionnelle. Au lieu de l'ordre formel que celle-ci obtient, il s'agit de parvenir à un « ordre profond, inséré dans le comportement et le travail des élèves », un travail vivant qui s'organise du dedans et en fonction duquel les élèves se disciplinent eux-mêmes.

L'autorité n'était que la réponse artificielle à un problème mal posé, qui disparaîtra de lui-même dès lors qu'on aura substitué dans l'école le « travail qui illumine », parce qu'on en comprend la nécessité et le sens, au travail qui contraint. Il s'agit de comprendre, d'un côté pourquoi on a été si longtemps obligé de recourir à l'autorité, et de l'autre côté comment il est possible de s'en débarrasser sans rien perdre des fonctions qu'elle assurait. Toute la pensée pédagogique de Freinet se développe comme une réponse à ces deux questions. Elle propose pour ce faire une véritable philosophie de l'éducation, assise sur deux piliers : la valeur sociale et politique du *travail*, et la vertu psychologique et épistémologique de l'*expérience tâtonnée*[1].

La pensée de Freinet est une pensée de la réconciliation par rapport à une situation d'aliénation. Le mal dont souffre l'école est profond, en effet. Il réside dans sa séparation d'avec la vie sociale et dans sa séparation d'avec la vie en général. Il n'est pas question de revenir sur cette séparation, qui est le fruit du progrès, mais il faut en contrebalancer les effets néfastes, en ramenant la société

1. Ces deux piliers sont développés dans deux livres fondamentaux de Freinet, *L'Éducation du travail* et *Essai de psychologie sensible*, tous deux rédigés durant la Seconde Guerre mondiale (ils sont commodément réunis dans le premier volume des *Œuvres pédagogiques*, *op. cit.*, t. I).

et la vie à l'intérieur de l'école, en renouant avec la vérité sociale et vitale. L'enfant est déraciné. C'est de cette situation que résulte le problème de l'autorité. Il est indispensable d'y faire appel parce qu'on cherche à faire entrer l'enfant de force dans les produits de l'évolution sociale et culturelle, au sein d'une institution coupée du processus où ces produits trouvent leur nécessité. C'est à cet artifice intellectualiste et autoritaire qu'il s'agit de remédier. Le travail permettra de surmonter la séparation de l'école et de la société, tandis que l'expérience tâtonnée permettra de surmonter le divorce de la pensée et de la vie.

En réponse aux pédagogies du jeu, développées en particulier par Fröbel (le fondateur des *Kindergärten* dans les années 1840), Freinet estime que le jeu est en réalité un travail, guidé par l'exigence vitale d'adaptation au milieu naturel et social. Il parle en ce sens d'un « travail-jeu », par lequel l'enfant participe d'entrée de ce qui fait l'âme de la vie collective. Le travail, « cette action qui est l'essence de notre être », est le grand réconciliateur : il accorde l'individu et le groupe par la coopération qu'il implique, il conjoint la liberté et la discipline. Dès lors que le travail est organisé dans la classe, le problème de l'ordre disparaît. La notion même s'efface, dépassée qu'elle est par une dynamique « qui est équilibre dans l'action, harmonie dans le geste, communion dans le travail[1] ».

La réhabilitation de l'expérience tâtonnée complète le dispositif sur le plan de la philosophie de la connaissance. La pensée de Freinet est un mixte de vitalisme et

1. Célestin Freinet, *L'Éducation du travail*, *in Œuvres pédagogiques*, *op. cit.*, t. I, p. 314.

de pragmatisme. Proche en cela de Dewey, il pense comme lui que la pensée naît de l'action. Le tâtonnement est la loi décisive de la vie. Elle est la clé de la construction de la personnalité. L'éducation n'est autre chose que « l'adaptation au milieu de la montée de l'individu vers l'efficience de son être[1] ». Le but de l'école ne peut être que de « hâter et accélérer le processus de l'expérience tâtonnée ». À cet égard, la loi de l'expérience est implacable : « L'enfant doit tout éprouver par lui-même[2]. » Il n'est pas possible de partir de l'acquis des autres, il faut refaire le parcours pour son propre compte. Il est spécifiquement individuel. Il y a une « nécessité fonctionnelle pour l'homme de construire son propre édifice[3] ». Ce chemin singulier pose évidemment un énorme problème, étant donné la sédimentation des progrès des connaissances et de la culture. Problème qui est à la source de l'erreur scolastique : elle croit pouvoir s'appuyer sur ce que l'humanité a progressivement acquis dans son avancée pour le transmettre tel quel, en s'appuyant sur l'autorité. Prétention vaine. Si l'école a pour mission d'être un accélérateur de tâtonnement, elle doit partir du tâtonnement pour retrouver la proximité avec l'essence même de la vie. « Intégrer la culture dans le comportement vital », tel doit être l'objectif de l'éducation[4]. Dans cette réconciliation de l'existence et de la connaissance, l'artifice de l'autorité se sera définitivement évaporé.

1. Célestin Freinet, *Essai de psychologie sensible, in Œuvres pédagogiques, op. cit.*, p. 345.
2. *Ibid.*, p. 502.
3. *Ibid.*, p. 561.
4. *Ibid.*, p. 567.

Le caractère systématique et profond de cette vision réconciliatrice, soulignons-le pour finir, en fait sans doute aujourd'hui le meilleur des points de départ pour repenser la fonction de l'autorité. Car tout ce que Freinet croyait pouvoir dépasser se révèle indépassable, tout ce qu'il voulait réunir se montre irrémédiablement divisé. L'extériorité du symbolique, du langage, de l'outil, de la connaissance, de la culture, apparaît comme la donnée irréductible dont il faut partir. C'est pour ce motif que nous ne pouvons pas nous passer de l'autorité. Elle est la seule instance médiatrice éducativement adéquate avec cette antériorité constitutive.

Ajoutons que Freinet, qui s'appuie pourtant sur des observations détaillées de l'enfant, fait preuve d'une remarquable indifférence aux apports de la psychanalyse. Rien n'est dit, quant à la construction de la personnalité, sur la sexualité enfantine, qu'il perçoit comme le produit de l'artifice civilisationnel.

Ce n'est pas le cas d'Alexander Neill (1883-1973), dont le livre, *Libres enfants de Summerhill,* paru en 1960 et traduit en français en 1970[1], eut un immense succès dans l'euphorie libertaire de l'après-68. Neill est également un praticien, mais lui, en revanche, fait grand cas de la sexualité de l'enfant et des ravages opérés par une prime éducation familiale répressive[2]. Après avoir suivi une analyse avec un américain nommé Homer Lane, venu en Angleterre créer une école autogérée, le « Little

1. Alexander S. Neill, *Libres enfants de Summerhill,* traduction française : Paris, Maspero, 1970.

2. Son livre de 1926, *The Problem Child,* eut une influence profonde sur tous ceux qui s'intéressaient à l'éducation orientée d'après la psychanalyse.

Commonwealth », il fonde en 1921 sa propre école expérimentale à Summerhill. Ce sont les principes de cette école, destinée à l'origine à des enfants difficiles, qu'il expose dans son livre.

On observe chez Neill, au travers d'un discours théorique beaucoup moins élaboré que celui de Freinet, une même pensée naturaliste et une même exaltation de la vie. Lui aussi se dresse contre la pédagogie traditionnelle, à ses yeux trop soucieuse de fabriquer de « petits robots » au service de l'industrie. En revanche, il se revendique de la psychanalyse dont il semble n'avoir retenu que deux choses : que la répression est mauvaise, et que les névroses sont provoquées par les refoulements sexuels. Sans doute a-t-il emprunté à son ami Wilhelm Reich[1] les bases de sa doctrine, de même que sa définition de l'autonomie comme « conduite inspirée par le moi et non par une force extérieure[2] ». Toujours est-il que son projet est d'une simplicité biblique : « Freud expliqua que toute névrose est le résultat d'une répression sexuelle. J'ai pensé : j'aurai une école dans laquelle il n'y aura aucune répression sexuelle [...]. Dans mon école, nous ne censurerons, ni ne punirons, ni ne moraliserons. Nous permettrons à chaque enfant de vivre selon ses impulsions profondes. »

Sa philosophie éducative, convaincue de la bonté naturelle de l'enfant, est naïvement rousseauiste : l'enfant naît

1. Psychanalyste viennois en conflit avec Freud, Wilhelm Reich (1897-1957) a publié en 1932 *La Lutte sexuelle des jeunes*, brûlot contre la répression sexuelle et la société coercitive. À l'hypothèse reichienne selon laquelle la santé psychique est le résultat d'une vie sexuelle sans entraves, Freud répondra : « *Die Kultur geht vor* » (« La civilisation passe avant »).

2. Alexander S. Neill, *La Liberté, pas l'anarchie* [1966], Paris, Payot, 1970, p. 23.

foncièrement bon, la société le pervertit. L'éducation consiste à préserver l'authenticité originelle de chaque enfant, ce qui impose de respecter le processus naturel de son développement : « Si seulement la société, mauvaise en soi, et les mauvais parents, laissaient l'enfant se développer sans angoisse ni refoulement, il arriverait tout seul à maturation et serait le plus magnifique des êtres humains. » Autrement dit, l'enfant deviendra, pour peu qu'on l'entoure d'amour et que l'on respecte ses intérêts, « ce qu'il est capable d'être ». Permettre à l'enfant d'accéder à son être propre, peut-on trouver meilleure expression de cette forme d'individualisme radical appliqué à l'éducation ?

On comprend que le passage à la culture soit le moindre des soucis de cet éducateur totalement étranger à l'idée d'émancipation par le savoir, et que son école accorde une importance minimale aux apprentissages scolaires. Les cours y sont d'ailleurs facultatifs. Forcer un enfant à aller en classe, alors que sa libido est occupée à des « investissements non profitables », est non seulement inutile, mais positivement dangereux, dans la mesure où cela intensifie son tourment. Les désirs de l'enfant peuvent être transformés en phobie par refoulement. La paresse, la distraction, l'ennui, ne sont que des conduites d'évasion. C'est seulement quand les anxiétés de l'enfant ont disparu qu'on peut amener sa libido à s'intéresser au travail scolaire. Au-delà de la sexualité, le désir profond de l'enfant est un désir de puissance, affirme-t-il en rejoignant Freinet sur ce point. Or, si les adultes ont tout le pouvoir, le jeune n'a aucune occasion d'exercer le sien. Les enfants dits « rebelles » sont ceux dont le désir de puissance a été refoulé ; mais quand ils ont fait l'expérience de la liberté ils deviennent défenseurs de l'ordre.

Leur haine de l'autorité n'est que la haine de l'autorité captatrice de la mère.

Ce qui est en jeu dans l'éducation, c'est la vie, la « santé » du sujet-enfant. Neill est opposé à toutes les institutions « anti-vie », aussi bien à la famille coercitive qu'à la bureaucratie, à l'industrie et bien sûr à la morale. L'éducation, entreprise thérapeutique, consiste à soigner l'enfant qui a été victime de parents oppresseurs, car eux-mêmes victimes ou frustrés. La source du mal, c'est la suppression par les parents de l'intérêt sexuel. Lorsque le désir de l'enfant est contrecarré, l'enfant hait. Tous les actes « anti-sociaux » – Neill ne dit jamais « mauvais » – sont des actes de défense ou de réaction contre une autorité humiliante.

L'éducateur n'a pas le moindre projet social ou politique. Il ne prétend pas réformer la société, mais seulement « rendre des enfants heureux » en leur donnant l'amour et la reconnaissance sans conditions qui leur ont manqué : « Les êtres humains sont bons ; ils veulent être bons ; ils désirent aimer et être aimés. La haine et la rébellion ne sont que de l'amour ou de l'agressivité contrecarrés[1]. » Pourtant, l'organisation « démocratique » de la vie quotidienne est l'un des piliers de son école. Comment agir, en effet, face à l'agressivité et à la rébellion ? Comment empêcher certains enfants de troubler les activités des autres ou leur sommeil ? Ici, Neill rejoint Spencer. Il s'agit d'amener les enfants à percevoir les conséquences sociales de leurs actes[2]. Une seule règle est

1. Alexander S. Neill, *Libres enfants de Summerhill*, *op. cit.*, p. 275.

2. L'exemple le plus frappant est celui des relations sexuelles entre adolescents. Elles sont déclarées bonnes, mais le directeur explique qu'elles mettraient en danger la survie de son institution.

imposée par l'adulte : « Chaque individu est libre de faire ce qui lui plaît, aussi longtemps qu'il ne viole pas la liberté des autres. » Pour le reste, Neill préfère l'autorité du groupe de pairs à celle de l'adulte, et cela pour trois raisons : elle n'est pas hiérarchique mais « sociale », car les enfants réagissent spontanément quand l'un d'entre eux a une conduite « a-sociale » ; elle est en outre plus efficace : un enfant respecte plus facilement la loi décidée collectivement parce que sa plus grande crainte est d'être exclu du groupe ; et enfin, raison majeure à ses yeux, elle ne suscite pas la haine. Cette démocratie minimaliste repose sur une assemblée générale hebdomadaire qui impose la participation de tous à l'élaboration des règles de la vie collective et aux sanctions. Lors de cette assemblée présidée par un élève élu, les enfants exposent leurs problèmes et élaborent leurs lois. Ni la voix du directeur ni celle des autres adultes n'a plus de poids que celle d'un enfant. Tout peut être remis en question. En revanche, il est convenu que celui qui refuse de rentrer dans ce processus interpersonnel de négociation fait preuve d'une défaillance extrêmement grave. La menace, car menace il y a, est l'exclusion de l'école.

Si l'adulte se porte garant de la survie de l'institution et des règles d'égalité et de réciprocité, c'est en vertu d'une autorité que Neill nomme *fonctionnelle*, parce qu'elle s'exerce dans l'intérêt de tous, à l'image de celle du chef d'orchestre : « Dans un orchestre, le premier violon obéit au chef parce qu'il est aussi intéressé que celui-ci à la réussite du concert. » Il reste bien de l'autorité dans ce système de liberté, l'éducateur en convient : « À Summerhill, on ne dit jamais : "Je le veux. Tu dois." Mais en pratique, bien sûr, il y a une autorité. On pourrait l'appeler tout aussi bien protection, affection, responsabilité adulte[1]. » Cette autorité, fondée sur l'échange et la réciprocité, demande de l'obéissance, mais elle en accorde aussi, puisque enfants et adultes ont des droits égaux : « J'ai le droit de jouer du piano tranquillement, mais l'enfant a le droit de me faire sortir de sa chambre. »

Neill avoue cependant user largement de sa capacité de suggestion et d'influence, en particulier lors d'entretiens individuels hebdomadaires avec les élèves. Mais entre le : « tu dois » et le « je te conseille de », la nuance est de taille, dit-il. L'important est de ne jamais forcer, de n'inspirer aucune crainte, de ne pas donner mauvaise conscience. Il avoue également manier quelquefois la ruse, comme le prouve cette anecdote qu'il relate fièrement : les élèves ayant un jour proposé de voter l'autorisation de fumer, il a proposé un « amendement » n'autorisant que les cigares, et c'est cette proposition qui fut adoptée. Ainsi, étant lui-même fumeur de cigares, il pouvait continuer de fumer, mais, les cigares étant beaucoup plus chers que les cigarettes, le risque était faible d'avoir des élèves fumeurs. Quelle meilleure illustration du conseil autrefois donné par Rousseau au précepteur d'Émile : « Qu'il croie toujours être le maître, et que ce soit toujours vous qui le soyez[2] » ?

À quelle autorité cette éducation du bonheur et de la désaliénation s'en prend-elle ? Il est facile d'en juger au vu des qualificatifs qui émaillent le discours. Neill s'en prend à l'autorité *répressive*, cause de névrose, de haine de soi et des autres. À l'autorité *coercitive*, appuyée sur la sanction ou la menace, et provoquant la crainte, l'humi-

1. Alexander S. Neill, *Libres enfants de Summerhill, op. cit.*, p. 145
2. Jean-Jacques Rousseau, *L'Émile, in Œuvres complètes*, Paris, Gallimard, « Bibliothèque de la Pléiade », t. IV, p. 324.

liation, la culpabilité. À l'autorité *narcissique* ou *captatrice*, émanant du désir de l'adulte – parent ou éducateur – de satisfaire au travers de l'enfant ses propres désirs refoulés, ou encore de combler sa soif de pouvoir. En un mot, la cible réelle de Neill, ce sont des autorités pathologiques et non l'autorité en tant que telle. Face à ces autorités « anti-vie » et sources de haine, il dresse l'alternative d'une autorité qui serait proprement moderne, contractuelle et négociée ; une autorité qui tire son efficacité de son transfert sur l'autorité du groupe. Dans une semblable éducation, il y a toujours de l'autorité, mais ce n'est l'autorité de personne, ou bien, pourrait-on dire encore pour évoquer la pédagogie du même nom en la privant de sa dimension politique, une autorité *institutionnelle*. Ce que l'on perçoit plus difficilement, dans ce cas précis, c'est la manière dont les enfants, imprégnés d'une telle suspicion à l'égard de « la société », peuvent apprécier les bienfaits de leur « petite communauté ».

Il apparaît que ces deux exemples exposent des tentatives pour résoudre le problème de l'autorité à l'école en le contournant. Freinet élimine le problème de l'autorité, faux problème qui disparaît quand on a substitué le travail « qui illumine » au travail contraint. Neill, de son côté, transfère l'autorité sur le groupe, en conservant à l'adulte le rôle extrêmement ferme de garant de l'intégrité du collectif.

Les dangers de la répression

La troisième strate de la critique de l'autorité présente la particularité de s'appuyer sur la science psychologique. Nous en examinerons deux échantillons, dont l'impact sur la critique de l'autorité éducative a été décisif. Dans le cadre de la psychologie de l'enfant, les travaux de Piaget – auquel il faudrait associer Henri Wallon – ont puissamment contribué à instaurer un climat anti-autoritaire dans l'école depuis les années 1930. Sur un autre versant, c'est une inspiration psychanalytique, dans une version revisitée par Wilhelm Reich[1] qui traverse l'enquête importante publiée en 1950 sous la direction d'Adorno : *La Personnalité autoritaire.*

La pensée de Piaget sur l'autorité peut se résumer en une phrase : « Il faut apprendre aux élèves à penser, et il est impossible d'apprendre à penser sous un régime d'autorité[2]. » Piaget est arrivé en 1921 à l'Institut Jean-Jacques Rousseau de Genève, fondé en 1912 par Claparède et dirigé par le psychologue Pierre Bovet. Cet institut, qui articule l'éducation nouvelle et la psychologie de l'enfant, critique l'école traditionnelle où l'autorité tient une place excessive et dont les méthodes « verbalistes » empêchent l'enfant de découvrir la vérité par lui-même. La mission de Piaget est cruciale : il doit apporter les fondements psychologiques aux réformes

1. Wilhelm Reich, *Psychologie de masse du fascisme* [1930], Paris, Payot, 2001.

2. « L'éducation de la liberté », conférence donnée en 1945 au Congrès suisse des instituteurs, *in* Jean Piaget, *De la pédagogie*, Paris, Odile Jacob, 1998, p. 163

pédagogiques impulsées par la Ligue internationale d'éducation nouvelle fondée à Calais en 1921 et le Bureau international de l'éducation (1929). Il le fera à travers ses études sur la formation du jugement moral chez l'enfant, et sur le développement des structures cognitives. Toutes ces études, que ce soit au travers de l'observation des conduites normatives dans le jeu, ou des processus d'accès aux structures logiques, convergent vers un même constat: la coopération est supérieure à l'action individuelle, elle est à la fois meilleure civiquement et plus efficace pédagogiquement.

Les premières recherches de Piaget portent sur les méthodes d'éducation morale en vue de distinguer les procédés qui favorisent l'autonomie de la conscience, et ceux qui aboutissent au résultat inverse – un individu soumis au groupe auquel il appartient. Piaget se propose de partir de l'enfant lui-même, car toute pédagogie, morale ou cognitive, doit être éclairée par la psychologie enfantine.

Le psychologue tente en réalité de répondre à trois problèmes connexes. Le premier est *épistémologique* et concerne l'égocentrisme enfantin. La confusion initiale du moi et du monde extérieur entraîne l'incapacité de l'enfant à se placer au point de vue d'autrui. Or ce déplacement est à ses yeux la condition de l'accès à la pensée abstraite et à l'objectivité scientifique. Pour opérer la décentration, Piaget estime nécessaire de promouvoir la coopération dans la construction du savoir, en mettant en place un travail par équipes et le *self-government* à l'intérieur de la classe. Le deuxième problème est *philosophique*: il s'agit de concilier dans l'éducation l'individuel et le collectif, en montrant que la personne ne se réalise que dans le rapport avec autrui. À ceci s'ajoute le problème *politique* aiguisé par le désastre de la guerre de 14-18 : le développement des pratiques d'entraide et de coopération entre enfants apparaissent désormais comme des antidotes à l'esprit de lutte et de compétition, dont le psychologue suisse Adolphe Ferrière a dégagé les sources dans les pratiques scolaires[1]. Comme Freinet, Jean Piaget en arrive à plaider pour la pratique de la « démocratie dans l'école » et pour le développement de l'esprit de solidarité, seuls moyens de promouvoir la paix et la compréhension internationales[2].

Tous ces problèmes se résolvent chez Piaget en une unique réponse : l'éducation doit développer chez l'enfant une raison active et autonome. Le passage de l'hétéronomie à l'autonomie constitue un progrès sur un plan génétique d'équilibre personnel, mais aussi un progrès collectif en matière de démocratie[3]. L'argumentaire de Piaget a été longuement développé et appuyé

1. Adolphe Ferrière (1879-1960), l'auteur de *L'Autonomie des écoliers*, *op. cit.*, est l'un des fondateurs de l'Institut Jean-Jacques Rousseau de Genève en 1912, avec Claparède et Bovet. Il se présente lui-même comme le fondateur de la psychologie génétique. Voir l'article de Daniel Hameline, « Adolphe Ferrière », *in* Jean Houssaye (dir.), *Quinze pédagogues. Leur influence aujourd'hui*, Paris, Armand Colin, 2000.

2. Jean Piaget, « L'esprit de solidarité chez l'enfant et la collaboration internationale », *Recueil pédagogique*, vol. 2, n° 1, 1930, p. 11-27.

3. « Pour notre part, nous considérons comme très importantes les expériences faites pour introduire la démocratie à l'école. [...] Il est incroyable que, dans un temps où les idées démocratiques pénètrent partout, on les ait si peu utilisées comme instruments pédagogiques. Lorsqu'on constate la résistance systématique des écoliers à la méthode autoritaire et l'admirable ingéniosité dépensée par les enfants de tous les pays pour échapper à la contrainte disciplinaire, on ne peut s'empêcher de considérer comme défectueux un système qui gâche autant d'énergies au lieu de les employer à la coopération » : Jean Piaget, *Le Jugement moral chez l'enfant* [1932], Paris, PUF, 1985, p. 293.

sur les deux volets de ses études de psychologie expérimentale : la formation du jugement moral chez l'enfant et la construction de la pensée logique. L'expérience fondatrice est celle de l'observation des enfants lors d'un jeu spécifiquement enfantin : le jeu de billes. Ce jeu nous apprend comment les enfants évoluent dans leur rapport à la norme. Nous ne reviendrons pas sur l'analyse des deux types de respect et l'existence des « deux morales » chez l'enfant, que nous avons exposées dans la première partie. Il faut souligner cependant la difficulté cruciale rencontrée par le psychologue, tant il doit faire fond, dans l'éducation à l'autonomie, sur de premiers rapports d'autorité hétéronome.

Si le but de l'éducation est de faire passer l'enfant de l'hétéronomie à l'autonomie, l'obéissance réfléchie aux règles du groupe doit se *substituer* à l'obéissance à l'autorité des parents ou du maître et le respect mutuel au respect unilatéral. Insistons sur ce point : les deux types de respect coexistent dans la vie de l'enfant et le second ne peut se construire que sur la base du premier. La première éducation, celle qui est donnée par les parents, introduit l'enfant au sens de la discipline (destinée à devenir une discipline intérieure) et au sens de la règle, et celle-ci est nécessairement hétéronome. Piaget se heurte alors au paradoxe bien connu depuis Kant : comment peut-on former à la liberté dans la contrainte ? Sur ce point, son malaise est sensible car, autant il perçoit l'inévitabilité de la première phase, autant il craint les dangers d'une prime éducation qui conduirait au conformisme et à la soumission à toute autorité. Sa perspective évolutionniste lui permet de surmonter la difficulté. Les étapes du développement de l'enfant le conduiront de l'égocentrisme primitif vers la prise en compte du jugement d'autrui, mais aussi de l'obéissance à la tradition vers l'élaboration collective des règles.

Cela ne se fera pas tout seul. C'est précisément pour cela que l'éducation scolaire doit se différencier de l'éducation familiale. Le respect pour les supérieurs (respect unilatéral) appris dans la famille doit disparaître progressivement de l'espace scolaire, et ce grâce au groupe des pairs, à la condition qu'une pédagogie de l'autodiscipline soit mise en place. Aussi longtemps que les méthodes d'enseignement restent fondées sur une contrainte extérieure, elles n'aboutissent qu'au respect unilatéral, et l'habitude de se soumettre à l'autorité de l'adulte se reportera sur l'autorité des groupes : « On peut penser que c'est cette habitude acquise en classe de répéter et d'obéir, de se plier sans réfléchir aux opinions morales et intellectuelles des grands, qui fait que nous avons tant de peine, une fois devenus adultes, à nous débarrasser des coercitions que les groupes imposent à notre irréflexion[1]. » À l'opposé, la méthode du *self-government* permet d'intérioriser les normes et de développer sa personnalité ; elle est source d'autonomie.

Si l'on a beaucoup insisté sur la théorie piagetienne du développement de l'enfant dans le sens d'une socialisation progressive de la pensée, il est plus rare de voir rappelée l'importance qu'il a accordée à la formation du sens de l'obligation et de la discipline intérieure dans la première enfance. Il est vrai que le passage de l'une à l'autre était problématique. Elle l'est toujours, et *a fortiori* dans un monde où les familles elles-mêmes ont adopté, dans l'éducation domestique, les pratiques démocratiques. La

1. Jean Piaget, *De la pédagogie*, *op. cit.*, p. 115.

question a été pourtant clairement posée : une perspective anti-autoritaire peut-elle se passer totalement d'autorité ?

À l'horizon de la préoccupation de Piaget, il y a bien la crainte de voir l'éducation forger des personnalités soumises, peu adaptées aux exigences démocratiques de gouvernement de soi, ou même, pis encore, des personnalités autoritaires, facilement acquises à toutes les formes de régime totalitaire. Cette hypothèse a fait l'objet d'un livre important publié en 1950, aux États-Unis, *The Authoritarian Personality*. Rédigé en collaboration par le philosophe Theodor Adorno, la psychanalyste Else Frenkel-Brunswick, le psychologue Daniel Levinson et le psychopédagogue Nevitt Sanford, préfacé par Max Horkheimer, *La Personnalité autoritaire* apparaît à beaucoup d'égards comme un produit de l'école de Francfort en exil. L'ouvrage ne prend pas de front le problème de l'autorité. Il l'aborde par le biais de la pathologie politique qui lui est associée. La question de l'antisémitisme et de ses racines y est centrale. Elle se mêle à la question proprement américaine du racisme dirigé contre les noirs. Dès les années 1930, l'idée s'était fait jour, face en particulier au nazisme, que l'enthousiasme et la haine totalitaires obéissaient à des causes psychologiques profondes. Wilhelm Reich l'avait avancée dès 1930 dans sa *Psychologie de masse du fascisme*, Erich Fromm l'avait développée à son tour dans *Escape from Freedom* en 1941. Les auteurs de *La Personnalité autoritaire* apportent à cette perspective d'analyse l'étayage d'une enquête empirique très fouillée.

L'objet de l'étude est « le potentiel fasciste », c'est-à-dire l'organisation sous-jacente de la personnalité qui dispose les individus à l'adhésion à une idéologie fasciste, ou plus largement à une idéologie totalitaire, à l'antisémitisme ou au racisme. Derrière les opinions et les convictions professées par les individus, il existe des attitudes cohérentes, enracinées dans les tendances profondes de la personnalité. Un certain nombre de traits psychologiques se regroupent d'une manière structurée qui permet de parler d'un type défini de *personnalité autoritaire*.

Si l'on résume à grands traits le tableau qui se dégage des explorations conduites sous différents angles (enquête clinique, études prospectives, tests d'attitudes, analyse de l'idéologie, etc.), un enchaînement significatif apparaît entre l'éducation reçue dans la famille, les relations sociales dont l'individu est ensuite capable et sa philosophie politique et sociale.

L'étude met en évidence la responsabilité d'un type de famille bien déterminé, la famille dominatrice et répressive, caractérisée par une relation hiérarchique très inégalitaire entre parents et enfants, et plaçant l'accent sur l'imposition de règles sociales conventionnelles. Cette famille engendre une grande ambivalence chez l'enfant, superficiellement identifié à ses parents, spécialement au père, mais en profondeur plein de haine pour lui et d'hostilité envers l'autorité. Cette vision dichotomique présidant aux relations entre parents et enfants se retrouve chez les sujets dans leur vision des rapports entre les sexes, placés sous le signe de la séparation, de la domination et de la dépendance. Elle se retrouve dans le rapport des sujets aux valeurs morales, placé sous le signe de l'opposition manichéenne entre les bons, ceux qui respectent les règles et les lois, et les mauvais, ceux qui les enfreignent. Il n'est pas jusqu'à l'idée religieuse des rapports entre Dieu et les hommes qui ne soit pénétrée du même esprit de subordination impitoyable.

Cet esprit dichotomique se retrouve enfin dans la conception des rapports sociaux. Il se traduit dans un clivage étanche entre les *siens* et les *autres,* l'*in-group* et l'*out-group.* La personnalité autoritaire s'identifie à son groupe et se sépare des groupes extérieurs en développant des stéréotypes négatifs et hostiles à leur égard – stéréotypes où se retrouvent les haines inconscientes pour le père et l'autorité. C'est spécialement vrai des groupes identifiés comme les plus extérieurs : juifs ou noirs. Il n'est de rapport imaginable avec eux que de séparation ou de ségrégation, au minimum, ou pire, de domination, voire de volonté de suppression, dans le cadre d'une philosophie sociale qui valorise les forts et méprise les faibles, en fonction de la peur que la personnalité autoritaire éprouve vis-à-vis de sa propre faiblesse.

En face de ce modèle de la personnalité autoritaire, et de son côté conventionnel et rigide, les auteurs font ressortir le modèle alternatif d'une relation familiale basée sur l'affection entre parents et enfants, qui débouche sur une vision foncièrement égalitaire des rapports entre les sexes et des relations sociales, ainsi que sur des attitudes permissives et, globalement, une personnalité flexible et tolérante.

Bien que les auteurs insistent sur le caractère de strict constat de leur entreprise, la conclusion de l'ouvrage dégage quelques implications de la recherche. Une réponse efficace à un tel phénomène ne peut pas se situer dans des mesures actuelles. Quant à l'emploi de moyens thérapeutiques, il est par nature limité. C'est sur la prime éducation que l'effort doit être porté. Il s'agit de construire un programme capable de produire des personnalités non-ethnocentriques. On peut se proposer, bien sûr, au-delà, de changer la société. Mais encore cette visée exige-t-elle de prendre en compte la dimension psychologique du changement à introduire.

En ce sens, d'un point de vue civique, une éducation non autoritaire est indispensable à la démocratie. Non contente de favoriser les préjugés à l'égard des groupes minoritaires, l'éducation autoritaire alimente un rapport morbide avec toute forme d'autorité et de pouvoir. Cette dernière thèse a été illustrée de manière saisissante en 1970 par un psychosociologue de l'université de Yale, Stanley Milgram, qui relate, dans *Soumission à l'autorité*[1], une expérience « scientifique » de torture simulée, en montrant que des sujets présumés autonomes se montrent passifs et soumis, obéissant sans broncher à l'autorité des savants, même lorsqu'il s'agit de déclencher les chocs fatals. Milgram explique cette soumission par l'éducation reçue : « L'enfant a été soumis à la discipline imposée par ses parents, ce qui lui a transmis un sentiment de respect pour les adultes. » Au surplus, du strict point de vue de l'enfant et de son intérêt propre, cette éducation fabrique une personnalité faible et dépendante, extérieurement soumise et intérieurement dominée par des pulsions haineuses et meurtrières. Le diagnostic est sans appel : l'éducation non autoritaire est indispensable à l'épanouissement d'une personnalité normale.

Au-delà de cette vulgate psycho-sociale devenue hégémonique, il y a lieu de relever pour finir l'incertitude où s'est arrêtée la théorie psychanalytique devant le pro-

1. Stanley Milgram, *Soumission à l'autorité. Un point de vue expérimental*, Paris, Calmann-Lévy, 1974.

blème de l'autorité. Elle s'est développée suivant deux axes qui ont conduit à des résultats discordants en la matière. Les conclusions tirées de la psychopathologie tendent à contredire les observations relatives à la psychogenèse.

S'agissant de celle-ci, la reconstruction du processus de formation de la personnalité, à partir des relations primordiales de l'enfant avec ses parents, reconnaît un rôle constitutif à l'intervention de l'autorité. Sous les traits du père, elle est supposée remplir une fonction structurelle dans la triangulation œdipienne grâce à laquelle le sujet, en intériorisant l'interdit de l'inceste, s'ouvre à des objets d'amour extérieurs au cercle familial. Nul ne l'a souligné plus fortement que Lacan, « l'accès au symbolique » étant suspendu pour lui au passage séparateur par la loi du père qui dégage le sujet de la fusion maternelle. En l'absence de cette séparation symbolique, le sujet est promis à la psychose. L'internalisation d'une figure de l'autorité apparaît donc, dans cette perspective, comme un moment pivot de la constitution subjective.

En pratique, cependant, l'orientation thérapeutique de la psychanalyse l'a conduite à privilégier par ailleurs le constat clinique des dégâts de l'autorité, l'intériorisation du même interdit paternel se retrouvant à la source des pathologies névrotiques. Par où le discours psychanalytique, même le plus élaboré, s'est aisément confondu avec la vulgate critique mettant en garde contre les méfaits de la répression.

Fonction constituante ou maléfice archaïque à écarter ? La théorisation psychanalytique nous laisse en fait dans l'expectative. Elle est divisée, du reste. Elle a ses optimistes, convaincus de la possibilité d'un épanouissement de la personnalité hors de l'autorité. Elle a ses pessimistes, persuadés du caractère inexorablement pathogène du processus de subjectivation (orientation très nette chez Lacan). Entre les deux, une théorie de l'exercice normal de l'autorité parentale, aussi attentive à sa nécessité incontournable qu'à ses dérives pathologiques, est-elle possible ?

Deux conclusions se dégagent de ce parcours. En premier lieu, aucune de ces critiques ne s'attaque en réalité à l'autorité en tant que telle. Elles s'en prennent à ses expressions ou manifestations abusives et insoutenables. Leur véritable cible, c'est l'autoritarisme. C'est tellement vrai, en second lieu, qu'elles la réintroduisent à un moment ou à un autre, de manière plus ou moins subreptice. La critique de l'autorité s'accompagne toujours d'une reconstruction de l'autorité, dès lors qu'au lieu de raisonner de manière purement abstraite ou polémique, les auteurs assument les contraintes pratiques du métier d'éducateur. Celles-ci les amènent à reconnaître le caractère incontournable de la responsabilité adulte dans le processus éducatif. Tel est le point d'achoppement des théories radicales en matière d'émancipation de l'enfant, dont la reconsidération du problème doit désormais partir.

Quatrième partie

Une éducation sans société ?

L'expérience quotidienne de l'enfant

Parmi les données de base de l'éducation, il en est une sur laquelle règne un curieux silence : l'expérience de l'enfant. Entendons par là, tout simplement, la vie quotidienne, l'emploi du temps, les activités concrètes, d'où dépendent les stimulations sensorielles, esthétiques, plaisir ou souffrance, mais aussi le style et la qualité de la communication avec autrui, enfant ou adulte. Or à côté des mutations de l'école et de la famille, le cadre de cette expérience a été affecté par de grandes transformations dont les conséquences restent à interroger. Il y a lieu de se demander si elles ne sont pas aujourd'hui au premier rang des facteurs qui compromettent l'éducation, non pas tant dans ses modalités que dans sa possibilité. Nous prendrons pour guide John Dewey, qui a très tôt identifié un problème qui n'a cessé depuis de s'amplifier.

Il n'est d'ailleurs pas de mot parfaitement adéquat pour désigner cet objet dont l'évidence crève les yeux. La notion de « socialisation » ne désigne qu'une partie de cette réalité. Le terme de *vie quotidienne* évoque soit une réalité prosaïque, sans signification, soit, dans une acception plus noble, la vie matérielle que les historiens soucieux de restituer la culture populaire du passé essaient de reconstituer. Quant aux mots de « vie privée », ils désignent aussi pour les historiens une part peu visible de l'histoire, qui contraste avec l'action publique. Le philosophe Christopher Lasch propose le terme de « vie ordinaire », pour désigner cette part de l'existence qui échappe à l'attention, et qui constitue pourtant l'arrière-plan de toute activité particulière. Ce vocabulaire et les notions qui y correspondent s'approchent davantage de l'objet quelque peu évanescent qu'il s'agit de circonscrire.

Or en ce lieu se sont accomplis des changements spectaculaires. Peut-être un certain type de relation enfant-adulte s'est-il effacé, en même temps que les bouleversements du quotidien, sans qu'on y prenne garde. Peut-être, du même mouvement, un certain lien avec la société environnante s'est-il dénoué. Un exemple révèle l'incertitude dans laquelle nous nous trouvons : alors qu'il est admis que la télévision occupe dans le foyer une place de premier plan et joue souvent le rôle de gardienne, dans le même temps, des experts peuvent affirmer qu'elle ne joue aucun rôle profond dans l'éducation et le développement de la personnalité.

Ce flottement révèle à quel point l'expérience quotidienne enfantine est devenue proprement invisible dans le monde contemporain. Tout se passe comme si ce qui est vécu au jour le jour, au fil des heures, n'avait aucun impact sur le développement et la formation de la personnalité. En même temps, le contraire est sans cesse affirmé : l'idée que tout compte dans l'éducation d'un enfant, que son environnement est déterminant dans son développement, que ses capacités futures dépendent de stimulations précoces n'a jamais eu un tel prestige.

Nous nous trouvons devant un paradoxe et même une contradiction, de la part de sociétés qui considèrent les institutions dédiées à l'enfance comme le signe par excellence de leur développement. Elles sont capables d'affirmer qu'il faut supprimer le hasard et l'empirisme, prendre en charge l'enfant en mobilisant la science pour démêler l'apport de l'inné et de l'acquis ; qu'il faut, pour ne rien perdre de ses capacités potentielles, développer la scolarisation précoce, de façon à limiter l'impact d'un environnement familial défavorisé. En même temps, prévaut une indifférence réelle à la vérité de l'expérience enfantine. Cette situation où la méconnaissance radicale des conditions de vie des enfants s'accompagne de l'injonction à maîtriser le cours de leur développement, est quasi schizophrénique.

Officiellement, tout est fait pour l'enfant, des institutions peuvent le prendre en charge en permanence, ou doivent le faire dans un avenir proche ; mais personne n'est en mesure de dire en quoi cette prise en charge est éducative. En outre, les préoccupations relatives à l'impact du milieu social et familial, largement déclaratives de toute façon, s'arrêtent au seuil de la vie ordinaire. Au-delà de l'institution, c'est le grand blanc.

Dewey et l'expérience de l'enfant

L'histoire et la philosophie de l'éducation montrent que cette interrogation a déjà été formulée. Si aujourd'hui peu d'attention est accordée à la vie concrète de l'enfant et à son emploi du temps, cette attention est l'une des caractéristiques du principal fondateur du courant de l'Éducation nouvelle, John Dewey. Surtout connu pour ses expérimentations pédagogiques et ses audacieux projets de réforme de l'école, Dewey est en réalité, avant tout, un observateur attentif des mutations de la société industrielle et de leurs conséquences à long terme dans le domaine de l'éducation. Le premier, sans doute, il s'est demandé non pas quelle était la bonne éducation, mais quelle était la bonne réponse au problème de l'éducation dans le monde contemporain. Rousseau avait déjà dit que les enfants ne devaient pas être élevés pour le présent, mais pour l'avenir. Dewey approfondit ce point de vue en scrutant les mutations en cours de la société industrielle, en questionnant leurs effets éducatifs, et en essayant d'en déduire les formes nouvelles d'éducation requises par le cours de l'histoire.

Son diagnostic d'une tension croissante des rapports de l'école et de la vie sociale, ainsi que des relations adultes-enfants, n'a cessé de se vérifier. Ses projets de réforme ne sont que la conséquence du constat qu'il avait fait de la disparition des conditions minimales nécessaires à l'éducation des enfants. Si l'une des finalités premières, une des plus fondamentales de l'éducation, est d'intégrer les jeunes à la société qui leur préexiste, sans préjuger de leur désir de la conserver ou de la transformer, il faut reconnaître que les adultes ne sont plus en mesure, dans la société moderne, d'éduquer les enfants. L'école, à qui il est demandé de façon toujours plus pressante d'assumer cette tâche, pour suppléer à ce manque, souffre d'un handicap constitutif qui est son abstraction par rapport à la vie sociale. Elle perd ainsi l'évidence de sa mission.

C'est donc le Dewey du diagnostic sociohistorique, plus que le philosophe pragmatiste théoricien de la connaissance, qui nous intéresse ici. Il faut commencer par se déprendre d'une vision simplificatrice de ses idées éducatives. Parce qu'il a contribué à fonder les méthodes actives, parce qu'il a préconisé le jeu et le plein air, l'épanouissement sensoriel et moteur, Dewey est en effet l'inspirateur de « l'éducation progressive » aux États-Unis, l'un des principaux inventeurs de cette pédagogie moderne centrée sur l'enfant qui est régulièrement sur la sellette dans les débats contemporains sur l'école. Ces débats n'ont pas été sans obscurcir considérablement l'inspiration d'origine de son entreprise, singulièrement en France. Il est urgent de revenir au propos même de Dewey. Son analyse fine des problèmes éducatifs inhérents à la civilisation industrielle et urbaine garde toute son acuité.

On trouve dans le recueil intitulé *The School and Society*[1] un essai, « The school and social progress », qui est une sorte de clé de l'œuvre pédagogique de John Dewey et qui en révèle le caractère profondément historique. Bien que ses propositions s'appuient sur la nature enfantine, il cherche à proposer une éducation pour le monde contemporain et pas une utopie ou un modèle valables dans l'absolu. C'est dans la modification objective de la condition enfantine qu'il enracine ses propositions.

L'enfant lui apparaît en effet comme un exclu de la société industrielle. Mais, loin de tirer de ce constat une vision catastrophiste de l'éducation, Dewey en fait au contraire le fondement d'un recommencement de la

1. John Dewey, *The Child and the Curriculum, The School and Society*, Chicago, University of Chicago Press, 1968. *The Child and the Curriculum* est paru pour la première fois en 1902, *The School and Society* en 1900. Le titre du recueil reprend celui des principaux articles qu'il contient. Ces textes souvent réédités n'ont pas été systématiquement traduits en français.

pensée pédagogique. C'est ce qui fait la portée de son constat. Celui-ci est à compléter par un autre texte fondamental qui représente le volet pédagogique de cette vision sociologique de l'enfant : *The Child and the Curriculum.*

Dewey invite tout d'abord son lecteur à changer de perspective, à considérer que le changement des méthodes pédagogiques et des programmes ne représente pas seulement un effort pour s'adapter à de nouveaux besoins de la société, mais qu'il est aussi un produit du changement social[1]. Autrement dit, les projets, intentions, projections conscientes dans l'avenir ne sont pas la seule source légitime du changement éducatif. Ce dernier a lieu aussi, pour ainsi dire, d'une manière spontanée ; il émerge d'un état de la société. Il s'agit donc d'examiner des changements pour en anticiper la portée et discerner la direction de l'évolution sociale. Un regard sociologique doit déceler les tendances à l'œuvre dans des pratiques aussi bien que dans le domaine théorique.

C'est pourquoi la « nouvelle éducation » (*new education*), pour Dewey, ne se veut pas utopie, projection dans l'avenir d'un idéal incertain ; mais changement requis par le présent, produit d'une histoire. C'est un effet, dans l'ordre de l'éducation, d'un changement à plus grande échelle, le changement industriel, qui a utilisé les ressources naturelles dans des proportions inégalées jusqu'alors, qui a bouleversé les conditions de vie de l'humanité et son rapport à la nature, aux ressources planétaires : « La croissance d'un marché mondial comme débouché de la production, de vastes centres manufacturiers pour approvisionner ce marché, des moyens de communication rapides et bon marché entre toutes ses

1. *Ibid.*, p. 8.

parties [...], on peut à peine croire qu'une révolution si rapide, si générale, si complète, une telle rupture dans l'histoire, a eu lieu. La face du monde en est changée, même dans son aspect physique ; les frontières sont abolies et bouleversées, même si elles n'étaient que des lignes sur du papier ; la population se précipite dans les villes, arrivant des confins de la terre ; les habitudes de vie sont altérées en profondeur et avec brutalité ; la recherche des vérités naturelles est indéfiniment facilitée et stimulée, et leurs applications à la vie sont non seulement possibles, mais nécessaires d'un point de vue commercial. Même si nos idées et intérêts religieux sont les plus conservateurs parce que profondément enracinés dans notre nature, ils sont profondément affectés. Que cette révolution n'affecte pas l'éducation, autrement que de manière superficielle, est inconcevable[1]. »

On pourrait penser, à la lecture de ces lignes, que Dewey va préconiser, de façon simpliste, l'adaptation de l'individu au monde nouveau, comme Spencer l'avait fait, en réclamant un bouleversement correspondant au niveau des valeurs, des compétences, des habitudes – Édouard Claparède ou Alfred Binet, préoccupés par la rentabilisation des aptitudes, le feront, plus tard. Tel n'est pas le cas pour Dewey, qui ne veut pas définir l'éducation d'après le rêve d'une société où la science assignerait à chacun sa place. Elle doit d'abord prendre en compte la profonde déstabilisation des rapports à l'enfant qui en résulte : en dernier ressort, ses idéaux pédagogiques sont basés sur une analyse du changement de statut de l'enfant dans la société industrielle. Ces changements sont de nature à compromettre l'idée même

1. *Ibid.*, p. 9.

d'une éducation possible. L'enfant, en effet, y devient vite un étranger à qui le monde adulte n'a rien à dire. Quelles sont, précisément, les conséquences des formes nouvelles d'organisation sociale sur la vie de l'enfant ? La relégation de l'enfant hors de la vie sociale réelle, jointe à l'éloignement de la nature, produit une forme d'ignorance inédite. C'est devant ce constat potentiellement pessimiste que Dewey invite à répondre au bouleversement par une adaptation de l'école à l'enfant.

S'il y a un optimisme foncier chez Dewey, il provient plus de sa conviction d'une capacité d'initiative et d'invention en matière politique et pédagogique, que d'une croyance dans le progrès. Car son regard sur le monde moderne est rien moins qu'ambivalent.

Tout d'abord, le règne de la production industrielle bouleverse les anciennes solidarités et les liens sociaux : dès la généralisation des manufactures, qui rassemblent les adultes sur un lieu de travail et éloignent les enfants, les relations nouées dans la maisonnée et le voisinage sont abolies. En effet, les prémices de l'industrialisation ont vu poindre les problèmes de « garde », ce dont témoigne la création des salles d'asile en Angleterre, puis en France. Parallèlement, le travail devient invisible pour ceux qui n'y participent pas. La rémunération du travail rend indirecte la relation de celui-ci à la consommation. Du point de vue de l'enfant, la manière dont le travail s'articule à la satisfaction des besoins élémentaires devient indiscernable. Dans un mouvement qui ne va cesser de s'amplifier, l'enfant va être confronté à des biens dont il ne connaît pas l'origine, dont l'existence n'est pas liée au travail abstrait qui produit la rémunération, et dont la nature lui est cachée. Pour Dewey, il en résulte une expérience enfantine extrêmement appauvrie, qu'il compare aux conditions qui, dans le passé, rendaient la vie quotidienne éducative par elle-même, quand « les enfants au fur et à mesure qu'ils gagnaient en force et en capacités étaient progressivement initiés aux mystères de nombreux processus, objets d'intérêt immédiat et personnel, voire d'implication véritable[1] ».

Cette ancienne éducation, outre qu'elle permettait une expérience sociale et une connaissance concrète de la vie matérielle et des échanges, permettait en outre un développement interne des facultés, comme Rousseau et Pestalozzi en avaient pris conscience. L'apprentissage résultant de l'observation et de la participation à de nombreux travaux effectués dans l'entourage de l'enfant était à la fois physique, intellectuel, social : l'enfant pouvait en quelque sorte, dans ce contexte, apprendre sans intervention de l'autorité, quand grâce aux adultes divers de son entourage, ou encore grâce aux enfants plus âgés, il pouvait bénéficier d'une sorte d'évaluation de ses actes. Il pouvait en même temps conquérir une place parmi les autres, au fur et à mesure du déploiement de son activité propre, moteur de son apprentissage.

Le mode de vie issu de l'industrialisation nous met donc au défi de réinventer l'éducation en fonction de changements majeurs qui bouleversent les conditions de l'expérience. La « nouvelle éducation » ne projette pas dans l'avenir un idéal incertain ; c'est un changement déjà là, requis par l'histoire. L'évolution de l'école et de la pédagogie témoignent d'un double mouvement, et d'une tension. La relégation de l'enfance dans des lieux pour enfants accompagne sa séparation d'avec les adultes et l'abstraction de son expérience ; elle échoue parce que

1. *Ibid.*, p. 10.

répandre l'instruction et former le citoyen, les idéaux modernes du XVIIIe siècle, se heurtent à cette abstraction. C'est ici exactement que la réforme pédagogique intervient. Quand l'école accomplit la séparation de l'enfance d'avec la vie, elle doit en contrepartie assumer le fait qu'elle est le cadre de la première expérience de l'enfant. L'esprit des méthodes nouvelles est celui d'une compensation ; elles sont conçues pour fournir une expérience à part entière et recréer les conditions de vie requises pour le développement psychique et cognitif.

Mais l'abstraction de l'école par rapport à la vie adulte peut-elle être vraiment compensée par les efforts de l'école pour s'adapter aux nouveaux besoins de l'enfant ? Aucune leçon de choses ne peut compenser l'absence de contact avec les animaux d'élevage, bien que la leçon de choses, héritée de Pestalozzi, soit une méthode moderne : elle vise le concret, la stimulation sensorielle, mais ne montre les objets qu'en quantité restreinte et hors de leur contexte. L'éducation sensorielle ne remplace pas les stimulations de l'activité de la vie de tous les jours et de l'imprégnation quotidienne[1]. Dewey en tout cas conserve des doutes à ce sujet.

La « *new education* » proposée par Dewey, replacée dans le questionnement d'ensemble qui l'inspire, est une tentative de réponse à un défi tel qu'il ne s'en est jamais présenté dans le domaine de l'éducation. Indépendamment de sa réussite ou de son échec, indépendamment aussi des jugements que l'on peut porter sur ces proposi-

1. « Comment conserverons-nous ces avantages, en introduisant dans l'école quelque chose qui représente l'autre côté de la vie et de ses activités, qui engagent l'enfant personnellement et l'enseignent en relation avec les réalités concrètes de la vie ? » *Ibid.*, p. 12.

tions, on doit reconnaître la profonde cohérence de ses finalités et des moyens qu'elle envisage. La nouvelle éducation veut redonner place à l'activité de l'enfant, c'est pourquoi elle est centrée sur lui ; elle institue des relations transversales plus que hiérarchiques au sein de l'école et révise le sens de l'autorité ; la pédagogie active vise à restaurer des expériences fondamentales, une relation au monde concret, matériel, et par là même des expériences sensorielles et motrices indispensables au développement physique et intellectuel.

Son idée directrice, l'enrichissement de l'expérience de l'enfant, ne provient pas d'un choix théorique mais s'impose, à un moment bien déterminé de l'histoire, comme une réaction nécessaire devant le danger de dégradation des liens entre générations et de nivellement des individualités. Le problème brûlant de l'école, à l'âge industriel et urbain, est de remédier à l'appauvrissement du milieu symbolique de l'enfant, qui entrave son développement global.

Les méthodes actives, réponse au problème de l'abstraction de l'école

Dans « The Child and the Curriculum », article diffusé en français sous le titre « L'Enfant et les programmes d'études »[1], Dewey expose le projet d'une véritable révolution scolaire et met en cause l'apprentissage en tant que transmission de contenus répertoriés dans un

1. John Dewey, *The Child and the Curriculum*, *op. cit.* ; tr. fr. par L.-S. Pidoux, « L'Enfant et les programmes d'études », *in L'École et l'enfant*, Neuchâtel, Delachaux et Niestlé, 1976.

programme. Il oppose, d'une manière qui rappelle les débats actuels, la méthode qui part de l'enfant et celle qui, à l'inverse, part des programmes, donc des buts des adultes. Au rebours de cette orientation, il préconise de suivre l'intérêt des élèves : « Les uns [les adultes] s'efforcent avant tout de conserver l'héritage qui est le fruit des peines et des labeurs des hommes d'autrefois ; les autres affectionnent la nouveauté, le changement, le progrès. On s'accuse réciproquement de favoriser l'inertie et la routine, le chaos et l'anarchie[1]. »

On pourrait croire en lisant ces lignes que John Dewey se range tout simplement dans la seconde catégorie, celle des partisans du progrès, mais c'est à la fois vrai et faux. Il se situe bien sûr du côté du changement, et d'une rupture au niveau des méthodes pédagogiques, mais pas forcément en exigeant… une rupture par rapport au passé. Son argumentation, indéfiniment recopiée, a été de moins en moins comprise en raison de cet aspect paradoxal.

En fait, la pédagogie de Dewey tente de répondre point par point aux problèmes du XXe siècle, en conservant largement les finalités qui lui sont assignées par son époque :

– l'école abstrait les enfants de la vie sociale, en voulant quand même former le citoyen ; elle devra permettre, pour atteindre cet objectif, les expériences fondamentales de la vie matérielle et sociale ;

– l'école propose des activités artificielles, dont le caractère de préparation à la vie laisse à désirer ; elle devra favoriser l'activité dont l'enjeu est présent, ainsi l'enfant sera-t-il prêt à affronter le monde réel ;

– la compétition règne pour la meilleure adaptation ;

1. *Ibid.*, p. 97.

chaque élève devra exprimer sa singularité, moyen le plus sûr d'être utile et heureux ;

– l'apprentissage se présente comme une réponse à l'injonction du maître ; il devra observer et accompagner les initiatives de l'enfant, pour obtenir des résultats meilleurs.

Il s'agit en somme d'accomplir réellement le programme affecté à l'école par la société, mais que les conditions que celle-ci lui fait, simultanément, empêchent d'aboutir.

La fameuse centration de l'éducation sur l'enfant ne doit pas être exigée pour elle-même, mais seulement à certaines conditions. Il n'y a rien à attendre d'une table rase ni d'un processus biologique de récapitulation qui ferait redécouvrir par l'enfant les connaissances depuis le début de leur invention. En revanche, une réappropriation du savoir est possible de manière relativement spontanée par l'enfant, car il n'est pas une « chose » extérieure à l'esprit, mais une mémoire des actions accomplies, de l'expérience personnelle et de l'expérience des générations passées : « Les diverses branches d'études telles que l'arithmétique, la géographie, les langues, la botanique, etc., sont elles-mêmes des expériences – celles de la race. Elles incarnent les efforts accumulés, les luttes et les succès de l'humanité. Elles se présentent non comme une simple accumulation, comme un amas confus de bribes d'expériences, mais avec ordre et systématisation ; la réflexion y a joué un rôle […]. Il suit de là que les faits et les vérités qui entrent dans l'expérience de l'enfant et ceux que renferment les programmes d'études sont le terme initial et le terme final d'une même réalité [1]. »

1. *Ibid.*, p. 99.

Une idée directrice se dégage ici : les connaissances ne sont jamais dans un rapport d'extériorité avec l'esprit humain ; même si c'est de manière lointaine et non reconnaissable, elles sont issues de l'expérience, une suite des expériences que l'enfant, par principe, peut reproduire. On ne peut donc pas véritablement opposer le savoir à l'esprit enfantin et à son développement, on doit seulement parler d'un écart. L'enjeu de l'éducation progressive est la réappropriation du savoir des générations antérieures. Il faut en effet parler de *réappropriation*, pour distinguer ce processus d'une représentation de l'apprentissage que Dewey considère comme fausse. Ainsi, il n'y a pas, de la part de l'individu, assimilation d'un contenu de connaissance extérieur à son esprit. Ce savoir ne lui est pas étranger à partir du moment où il a été produit par des êtres humains dont le travail donne forme au monde actuel, détermine l'environnement dans lequel le nouveau venu grandit. La connaissance résulte de la réitération des expériences que les générations précédentes ont dû faire. Si, toutefois, il faut bien admettre que les connaissances accumulées par les générations dépassent les capacités de redécouverte de l'enfant, il faut concevoir la transmission de ces connaissances comme une extension de l'expérience de départ, un élargissement du point de vue individuel, possible justement sur la base d'une expérience personnelle des problèmes les plus fondamentaux de la vie.

À partir de là, mettre l'enfant au « centre » des apprentissages, c'est-à-dire baser ses acquisitions sur son développement pour construire les connaissances, ne s'oppose pas, au contraire, à la transmission de ces dernières[1]. Sim-

1. *Ibid.*, p. 95.

plement, les connaissances doivent être reconnectées à un substrat, l'expérience de l'individu qui les reçoit.

C'est pourquoi la pédagogie active consiste à placer l'enfant dans un milieu propre à stimuler sa curiosité et son activité. Elle l'invite à suivre la pente de ses intérêts, à jouer, à faire des choix, dans une école qui est un lieu de vie. À l'artificialité des exercices scolaires orientés par des programmes, Dewey substitue des activités largement spontanées en valorisant les apprentissages dont elles sont l'occasion : ainsi se constitue ce substrat qui permettra le développement ultérieur de sa curiosité et de son esprit. Chez le jeune enfant, les jeux de plein air, les constructions, les manipulations vont être les activités les plus prégnantes ; ces jeux préludent à l'apprentissage, y sont reliés par ce qu'il nomme *continuum expérimental*.

La continuité de l'expérience et la transmission de la culture

Le *continuum expérimental*[1] désigne la cumulation des expériences d'un sujet dans une direction déterminée, à partir de l'expérience vécue. Cela suppose que ces expériences successives aboutissent à une addition de leurs acquis. Il peut arriver, en effet, que des expériences demeurent stériles, si elles ne sont pas connectées entre elles, si aucun lien ne vient les unir dans une signification commune. En ce cas, leur multiplication juxtaposée n'apporte rien au sujet. C'est pourquoi John Dewey exprime de grandes réserves envers une pédagogie qui

1. L'importance du principe n'a pas échappé à Gérard Deledalle, dont le livre *La Pédagogie de John Dewey*, publié en 1965 aux éditions du Scarabée, porte le sous-titre : *Philosophie de la continuité*.

serait uniquement fondée sur l'intérêt du moment, sans observation de l'ensemble de la personnalité de l'élève et de son évolution. La même activité peut être, pour l'un, une distraction sans lendemain et pour l'autre, une étape de la constitution de sa personnalité. Elle peut être déterminante à un moment, inutile à un autre. Au contraire des intérêts qui se dispersent, l'expérience authentique épouse la pente des intérêts du sujet, mais en suivant une règle : une expérience donnée modifie les conditions de l'expérience ultérieure. Cette nouvelle expérience à son tour prépare le sujet à en effectuer d'autres qui n'auraient pas été auparavant à sa portée.

Le processus même de civilisation résulte pour Dewey d'une semblable accumulation. L'héritage du passé n'est que l'expérience de l'humanité. L'expérience individuelle, qui prend sa source dans le présent, peut, virtuellement, s'enrichir de tous les acquis des générations antérieures, en produisant une sorte de dilatation du présent. En ce sens, l'individu qui apprend ne fait que dépasser ses limites, retrouver le sens de l'effort d'autrui. Le rôle de l'adulte par rapport à l'enfant est donc d'apprécier, au moyen de la connaissance de l'élève, à quel moment l'expérience est formatrice, à quel moment les intérêts s'organisent et suivent une direction cohérente, qui débouche sur l'appropriation d'un savoir, ou à quel moment l'élève perd son temps. Il doit aussi l'aider à faire des choix entre ses intérêts.

À partir de cette notion d'expérience comme *continuum expérimental*, on peut comprendre comment une éducation et une instruction ambitieuses sont possibles : il faut enrichir l'élève, non en le maintenant durablement dans des activités concrètes et des intérêts spontanés, mais en prenant appui sur eux pour élargir la sphère de ses expériences, qui peuvent ensuite inclure la lecture, ou l'appropriation de concepts, sans parcourir *in extenso* le chemin qui a permis à l'humanité d'élaborer ces idées. L'économie de ce parcours est possible parce que les connaissances sont cumulées et thésaurisées par la culture. Les expériences passées sont ainsi en quelque sorte disponibles. Pour que l'élève y ait accès, il faut que le chemin lui en soit indiqué par le désir et l'intérêt, s'individualise avec l'aide de cette expérience spécifique que constitue l'enseignement.

Pour Dewey, cependant, cette dilatation n'est pas infinie, chacun ne doit pas tout savoir. Toute connaissance n'est pas utile : si elle ne peut se rapporter au présent, au vécu de l'individu, et n'en produit pas une meilleure intelligibilité de sa place dans le monde, elle peut être abandonnée. À partir de là, la question pédagogique pertinente est : « Comment l'enfant va-t-il entrer en rapport avec le passé pour que ce commerce lui devienne un facteur important d'appréciation du présent ?[1] »

C'est l'idée de *continuum expérimental* qui conduit Dewey à critiquer la notion de « préparation », comme lorsqu'on dit que l'école prépare à la vie[2]. Cette « préparation » paraît avec raison fastidieuse à l'enfant, puisque l'avenir hypothétique n'est pas enraciné dans l'expérience présente. Malheureusement cette critique a été source de malentendus, et l'on en a tiré argument pour promouvoir une pédagogie hédoniste à courte vue. Pour le philosophe

1. John Dewey, *Expérience et éducation* [1947], Paris, Armand Colin, 1968. Ce recueil est composé de conférences prononcées à l'université de Columbia avant 1939.

2. Voir par exemple John Dewey, *Démocratie et éducation*, Paris, Armand Colin, 1990, p. 96 et *sq.*

américain, si l'expérience est un continu dont le résultat est la croissance du sujet, et si l'éducation se donne pour tâche de favoriser cette continuité, il n'y a pas de raison de penser l'éducation comme une préparation à la vie, elle constitue une partie de la vie, et même chez l'adulte, l'accumulation d'expériences continue à instruire. C'est pourquoi Dewey préfère les termes de « développement », « continuité » ou « reconstruction », à celui de « préparation ». Dans cette perspective, et là aussi les contresens possibles abondent, il est plus important de donner le désir d'apprendre que d'enseigner à proprement parler. Et le désir d'apprendre vient de l'expérience de l'apprentissage.

Les exemples de l'application de ce principe donnés par John Dewey sont issus de son école expérimentale de Chicago. Dewey décrit notamment la redécouverte, dans une classe, de l'industrie textile avec ses différents matériaux, du cardage, du filage de la laine, du tissage, à partir de la matière première[1]. L'intérêt de l'observation de la plante de coton est d'ordre esthétique, tactile, puis cognitif, comme lorsqu'elle conduit à des notions géographiques. Les multiples questions relatives à cette matière peuvent ouvrir sur des connaissances techniques et industrielles, sur l'aspect humain du travail nécessaire. En amont, ces questions peuvent trouver leur origine dans les jeux et la tendance des enfants à se vêtir pour se déguiser, ou dans la vie pratique quand elle implique de se protéger des intempéries. Pour la laine, il est probable que l'intérêt spontané pour les animaux et pour les sorties de plein air offre des occasions de s'interroger sur la

1. John Dewey, « The School and Social Progress », *in The Child and the Curriculum, The School and Society*, *op. cit.*, p. 20.

chaîne d'activités qui aboutit aux vêtements. Dewey, par ailleurs, tient à ce que de telles connaissances s'appuient sur l'expérience du filage et du tissage, sur un travail manuel qui met en jeu les premières inventions des anciens peuples. De même, pour l'habitat, il imagine de partir de la tendance constante des enfants à fabriquer des cabanes de branchages pour développer leurs connaissances. Il peut être pertinent, d'abord, d'étudier précisément les tentes d'Indiens qui sont moins simples qu'il n'y paraît, pour s'initier progressivement aux techniques et à l'histoire de l'architecture. Si, au premier niveau, chacun est capable de s'initier à ces connaissances, il va de soi que la poursuite d'études dans un domaine demandera une vraie spécialisation, un choix, et un travail proportionné à sa complexité.

Dewey, pour exprimer l'idée que tout savoir est en nous, tout en prenant des distances par rapport à la notion de mémoire biologique et de récapitulation[1], se réfère à la leçon du *Ménon* de Platon, où l'esclave découvre ce qu'il sait déjà[2]. L'histoire est alors considérée comme le résultat d'une confrontation de l'homme à son environnement, la confrontation avec le milieu naturel en étant la première et la plus incontournable des formes.

Le travail manuel, si important, n'est malgré tout qu'une occasion d'apprendre, et il n'y a pas, dans l'absolu, de privilège du concret chez Dewey. Pour lui, à un stade ultérieur du développement, la pensée abstraite peut également être considérée comme une expérience, de même que la lecture d'un livre, ou toute autre occupation éloignée de la manipulation. Sur le plan

1. *Ibid.*, p. 137.
2. *Ibid.*, p. 23.

pédagogique, il ne faut pas *commencer* frontalement par ce type d'enseignement, mais plutôt rechercher l'ordre probable des activités qui correspondent à la découverte de la réalité par l'enfant, et s'adapter ensuite à son cheminement individuel.

C'est pourquoi Dewey propose de penser différemment les programmes, pas de les supprimer totalement : il est nécessaire de mettre les programmes d'études en relation avec l'expérience dont ils ne sont, au fond, que des extraits. Il y a, pour lui, un ordre logique des connaissances qui correspond à l'ordre du développement, processus par lequel l'esprit humain a fait dans l'histoire l'expérience du monde. Cet ordre ressurgit spontanément chez l'enfant, même si, pour l'enfant moderne, apprendre ne peut vouloir dire refaire ce chemin entièrement : il s'agit de rentrer dans le monde humanisé et formé par l'histoire. Ce monde peut apparaître privé de sens pour celui qui le vit dans une relation d'étrangeté, et prévenir cette perte de sens est la raison d'être de la pédagogie de Dewey. Il faut traduire les programmes en termes psychologiques, permettre en quelque sorte leur intériorisation, en retrouvant et en mettant en lumière les expériences personnelles, immédiates, qui ont été à l'origine des sciences et qui leur donnent leur signification. Ainsi, il est possible de faire le lien entre cette expérience très ancienne de l'humanité et l'expérience immédiate de l'enfant.

Le maître

Ces considérations sur les conditions de la reconstruction du savoir par l'enfant éclairent l'un des aspects les plus controversés des pédagogies dites modernes, à savoir le rôle du maître, ainsi que le problème de l'autorité.

L'enfant doit être mis dans un milieu propre à susciter son activité et ses expériences. Les activités doivent être encadrées et observées par des adultes, garants de la réalisation de ce *continuum* : c'est une sorte d'éducation négative à la Rousseau, une manière d'agir sans intervenir.

Comme il a été dit plus haut, c'est l'observation qui permet d'orienter l'activité de l'enfant. Dewey peut préciser à ce sujet qu'il n'idéalise pas l'enfant : dans l'ensemble confus de ses activités et de ses intérêts, tout n'est pas à considérer comme équivalent. Il faut interpréter les intérêts, se défier de l'aspect émotionnel[1] ; il ne faut pas, sous prétexte de mettre fin à l'autoritarisme et au carcan des programmes traditionnels, abandonner l'enfant à l'indétermination en attendant que de son développement sorte précisément ce que l'adulte attend implicitement. C'est d'ailleurs pourquoi, contrairement à Édouard Claparède à Genève, et à son disciple Jean Piaget, il n'envisage pas l'application d'une connaissance exacte des phases du développement des intérêts, qui fournirait ensuite aux éducateurs une sorte de grille préétablie d'activités possibles. Il faut plutôt, dit-il, battre le fer pendant qu'il est chaud et ne pas s'enfermer dans une représentation *a priori* de l'enfant.

La relation maître-élève demeure donc, au fond, sous l'autorité de l'adulte. Seulement, étant donné le but à atteindre, c'est un style libéral de relations entre eux qui doit prévaloir : observer et guider plutôt que contraindre et imposer, encourager plutôt que sanctionner. Il subsiste une dissymétrie irréductible entre adulte et enfant :

1. *Ibid.*, p. 103 et *sq.*

le premier a la possibilité d'anticiper le développement vécu par le second.

C'est donc à l'adulte éducateur que les fameux programmes sont utiles. Ils lui permettent de donner sens aux expériences de l'enfant, et c'est cela qui, en retour, permettra à l'enfant de donner sens à ce qu'il apprend. Tout sujet ou branche d'études a donc deux aspects, dit Dewey : l'un « pour le savant en tant que savant, l'autre pour le pédagogue comme pédagogue[1] ».

La pédagogie de Dewey se montre donc très exigeante envers l'enseignant qui doit remettre en chantier, en permanence, la question du sens de ce qu'il transmet, et ne doit jamais se contenter d'un appel aux « valeurs » transcendantes, ni à l'« avenir » censé justifier le travail présent. S'il accompagne les apprentissages plus qu'il ne les impose, c'est parce qu'il les a d'abord anticipés et a réuni les conditions favorables à leur émergence. Peut-être est-ce là que gît une difficulté profonde de la pédagogie de John Dewey et, au-delà, de toute pédagogie centrée sur l'enfant.

En effet, ce maître dont le travail consiste à permettre l'expérience et qui s'efface en quelque sorte devant l'activité de l'enfant ne peut être considéré comme laxiste, la théorie en tout cas lui demande un travail plus important et plus réfléchi qu'à l'enseignant qui suit un programme classique. Par ailleurs, s'il permet l'intériorisation directe du savoir par l'enfant, c'est au prix d'une attention minutieuse au développement de celui-ci. Il n'y a donc pas à déplorer dans cette théorie de baisse d'exigence ni même de renonciation à l'autorité qui vient de la maîtrise de ce que l'on enseigne.

1. *Ibid.*, p. 109.

Il faut cependant reconnaître que la relation magistrale est, dans son principe, complètement subvertie, si l'on entend par là, justement, une relation entre un élève et un maître qui joue le rôle d'initiateur à un domaine de savoir extérieur au sujet. Il n'est pas médiateur entre l'enfant et le savoir mais entre l'enfant et lui-même, si l'on peut dire. Sa situation est paradoxale car il doit conserver un rôle d'initiateur dans un monde où le sujet trace sa propre voie.

De même qu'il est impossible de revenir à ce monde riche d'expériences partagées entre enfant et adulte, il est impossible de revenir aux relations d'autorité qui le sous-tendaient : un adulte qui n'est pas en mesure d'initier l'enfant à ce qu'il ignore, qui ne peut lui proposer de prendre des responsabilités véritables, ne peut exiger écoute et révérence. À l'école, où il s'agit de restaurer le lien entre savoir et expérience et d'amplifier cette expérience, il n'y a plus place pour la relation verticale de celui qui enseigne à celui qui reçoit, comme si un savoir s'ajoutait à l'expérience. Les nouvelles conditions du rapport entre générations réclament l'autonomie de l'enfant qui doit trouver son propre chemin [1] ; la démocratie doit former des sujets autonomes, non de manière différée, mais dès l'enfance, dans un choix politique fondamental qui rejoint une contrainte imposée par l'histoire.

Une ambition impossible ?

Cette ambition morale et politique ne doit pas masquer l'ampleur des problèmes que cette pédagogie affronte.

1. *Ibid.*, p. 12.

Son ambition même témoigne de ce qui est à reconstruire : il ne s'agit de rien moins que de réinventer la société au niveau de l'enfance.

L'expérience scolaire qui permet de mesurer l'importance du lien social et de la coopération, de montrer comment le plus simple des besoins nécessite des opérations complexes et des efforts conjugués, préfigure une citoyenneté active au travers de la coopération dans l'intérêt général, de la division du travail et de la répartition des responsabilités. Roger Cousinet, l'inventeur français de la méthode de travail libre par groupes, se souviendra de ce que Dewey suggère : l'école, au lieu d'être un lieu de confrontation des performances individuelles, doit devenir un lieu de coopération où se construisent le lien social et la conscience du caractère collectif de tout travail. Plus utile aux individus et à la société que la concurrence individuelle valorisée par les « spencériens », la vie scolaire est bien un entraînement à la vie sociale future. La « socialisation » de l'enfant aura lieu dans ce monde nouveau de l'école rénovée où les contraintes et les hasards du monde réel peuvent être mis entre parenthèses. L'univers de l'enfance devient alors, assez facilement, un recommencement du monde, un retour à des phases de l'histoire où la solidarité des membres d'un groupe permettait de faire face à des besoins plus simples, dans une nature encore intacte.

Il y a dans l'éducation de Dewey un espoir dans la démocratie future, et en même temps une critique de la modernité, une inquiétude fondamentale par rapport à ce qu'il perçoit comme un changement radical des conditions de l'éducation, même si sa pédagogie prétend y apporter un remède. En dépit des précautions qu'il prend pour fuir l'assimilation de l'enfant et du primitif, le modèle d'un début de l'humanité, des sociétés sauvages, reste très présent. Les Indiens d'Amérique sont souvent le modèle de cet état au fond regretté, où l'éducation avait lieu dans la continuité d'une expérience assez omniprésente pour être spontanément partagée et encore assez simple pour être recommencée par l'individu nouveau venu. Cette nostalgie implicite, recouverte par l'optimisme conquérant de la *new education*, explique qu'un commentateur contemporain du philosophe ait pu intituler un article avec une saisissante expression : « John Dewey an "Old-Fashioned" Reformer[1]. » L'auteur pense en effet que Dewey veut, à travers ses réformes audacieuses de la pédagogie, ressusciter d'anciens modes d'éducation et de socialisation, dont certaines caractéristiques sont irremplaçables et demeurent nécessaires à la démocratie, comme l'inculcation précoce et conjointe d'habiletés, de savoirs, qui avaient lieu autrefois dans le cadre familial ou dans les fermes, ou encore le sens de la communauté. Ce faisant, il le juge un peu « réactionnaire ».

Ce jugement tranché devant une question complexe invite à interroger toute la tradition de l'éducation nouvelle. Au-delà même de la pensée de Dewey, la force de réformateurs comme Célestin Freinet ou Roger Cousinet, voire du scoutisme, est de proposer un recentrage sur des expériences fondamentales sans lesquelles les sujets sont aliénés, dépendants, exposés à toutes sortes d'accidents et de déconvenues. L'insistance sur ces expériences implique de modifier la forme scolaire ou d'avoir recours

1. Raymond D. Boisvert, « John Dewey : an "Old-Fashioned" Reformer », *in* Jim Garrison (éd.), *The New Scholarship on Dewey*, Dordrecht, Kluwer Academic Publishers, 1995, p. 157-173.

à d'autres organisations qui favorisent l'activité, la responsabilité, le travail. Il ne faut pas perdre de vue que, s'il y a bien une responsabilité, revendiquée, des pédagogues dans l'apparition d'une pédagogie centrée sur l'enfant, pédagogie réputée entraîner une difficulté à transmettre l'héritage du passé, ce type de pédagogie est toujours une tentative pour renouer avec l'expérience du passé et avec son héritage, en dépit des liens qui ont été rompus.

Ce qui pousse John Dewey à vouloir refonder l'école et le lien éducatif est le constat préalable d'un bouleversement dans la condition enfantine. Si le maintien des formes anciennes d'enseignement et d'autorité ne semble pas possible, ce n'est pas parce qu'ils reposaient sur de mauvais principes, mais parce que la réalité qui leur donnait sens a disparu. Il cherche à élaborer de nouvelles conditions d'éducation, constituant une alternative aux conditions de vie et de socialisation de l'enfant dans la société industrielle. Les innovations sont alors inséparables d'une tentative de restauration de conditions perdues d'entrée dans la vie, bien qu'au premier abord cette coexistence d'objectifs « old-fashioned » et d'innovations puisse sembler contradictoire. En effet, le dialogue avec l'enfant, le travail manuel, la construction de l'identité par interaction avec le milieu, pour en rester à quelques principes simplement formulés, peuvent à la fois avoir été mis en œuvre dans l'ancienne société et être des principes pédagogiques nouveaux.

Le problème que nous lègue cette pensée est celui de l'école comme lieu de vie : il n'est pas possible d'éviter cette question en présence de la rupture entre générations, qui de façon trompeuse se présente souvent comme une confusion. Si les utopies éducatives ont fait leur temps, alors il n'est pas possible de se détourner du problème de la vie quotidienne et de la source de l'expérience de l'enfant.

L'enfance sans culture ?

Le regard porté sur l'enfant par Dewey nous semble grandement éclairer les difficultés d'aujourd'hui. Il faut reprendre son questionnement et le pousser plus loin. Le diagnostic qu'il a porté voici un siècle est plus vrai que jamais. Il y a toutes les raisons de penser, en effet, que les conditions de vie de l'enfant dans la société industrielle et urbaine le privent de l'expérience nécessaire à ses futurs apprentissages, et à un point que Dewey ne pouvait imaginer. Elles tendent à lui enlever les contacts avec les adultes et les occasions de s'exercer à la vie sociale qui sont les ressorts indispensables de ses acquisitions. Bref, les conditions d'existence objectives que nos sociétés ménagent à l'enfant paraissent aller directement à l'encontre des conditions de possibilité de l'éducation.

Le réquisitoire de Dewey anticipe sur l'appauvrissement de l'expérience enfantine dans notre monde contemporain. Il doit nous inciter à tenter une phénoménologie de la vie quotidienne, à nous interroger sur l'expérience de l'enfant, son environnement précoce, cadre de son activité. Là se trouve sans doute, et plus encore aujourd'hui qu'hier, la source négligée des problèmes de l'éducation. Le « renversement copernicien », si décrié dans le domaine de la pédagogie quand il s'agit de mettre l'enfant « au centre de l'école », peut garder son prix dans la mesure où l'effort de se situer du point de vue de l'enfant permet d'appréhender les conditions concrètes de sa vie et de son éducation. Vie concrète dont l'évidement est sensible si l'on considère l'emploi du temps de l'enfant, en faisant la synthèse de faits aisément constatables dans la vie quotidienne actuelle. Tenter de reconstituer l'expérience quotidienne et commune permet aussi, au passage, de lever le voile qu'un discours « tout éducatif » et une idéologie puérocentriste continuent à tendre devant la réalité des conditions dans lesquelles se déroule le processus éducatif.

Le travail invisible

Quelle est la face de la réalité qui apparaît en premier, ou de manière prégnante, à l'enfant d'aujourd'hui ? Il faut considérer les faits dans toute leur sécheresse, pour réactiver la réflexion sur son expérience quotidienne, la manière dont il entre en relation avec autrui, la société environnante, le type de stimulation auquel il est soumis.

Première donnée massive : le travail est devenu étranger aux enfants d'aujourd'hui, sinon à travers un nombre limité de professions : commerce, ou bien travailleurs sociaux, professionnels de santé, enseignants. Pour le reste, ils doivent s'en remettre au témoignage des adultes ou aux ressources du conseil en orientation. L'organisation du travail est l'une des principales causes de cette espèce de secret qui entoure l'emploi du temps de l'adulte. Si les lieux de travail sont le plus souvent éloignés du domicile, ils sont, de plus, interdits aux intrusions extérieures, non seulement à cause des secrets industriels ou commerciaux, mais encore à cause d'une contrainte sociale qui interdit aux salariés de faire état de leur vie personnelle. L'état de concurrence entre eux et le nouveau management capitaliste[1] exigent que l'intégralité de l'énergie des individus soit employée à produire ou à « gérer » des relations humaines dans lesquelles l'enfant n'a aucune place. Les femmes le savent bien, car elles sont les premières à subir les effets de cette ambiance nouvelle dans le monde du travail, lorsque, soumises au régime de la double journée (travail salarié et travail domestique), elle sont sommées de faire comme si de rien n'était. Forcément « en trop », la masse des enfants est reléguée dans cette sphère spéciale qu'est le monde des enfants. Alors que la vie sociale des adultes est avant tout commandée par le travail, c'est précisément cette réalité déterminante pour l'identité, les rapports avec les autres, les projets, sans parler de la fameuse « estime de soi », qui leur est cachée. À de rares exceptions près, ils ne savent pas ce qu'est l'existence de leurs propres parents, non plus que la réalité du fonctionnement collectif, qui était encore si visible il y a un siècle, y compris dans la grande ville. Peut-on croire que cet éloignement de la société qu'il leur faudra rejoindre un jour soit sans conséquence sur leur désir d'apprendre ?

1. Richard Sennett, *La Culture du nouveau capitalisme*, Paris, Albin Michel, 2006.

Temps scolaire et rythmes sociaux

Il n'est pas besoin d'une très longue enquête pour reconstituer la journée type d'un enfant d'école primaire, et l'énumération de ses étapes, si elles sont toutes réunies à la fois, est propre à créer un certain malaise. L'enfant, en raison des transports ou des horaires des parents, se lève souvent très tôt sans que ce temps soit véritablement utilisé. Les déplacements ou horaires des adultes, plutôt que les horaires scolaires, imposent leurs exigences à l'enfant. On peut relever à ce propos des symptômes récents de cette prééminence des rythmes dits « sociaux » de la vie quotidienne. D'abord, alors que dans les années 1980 les rythmes scolaires constituaient un aspect visible du débat public, il n'en est rien à présent. La disparition du discours médical en est un exemple privilégié. Les recommandations des médecins qui suggéraient, par exemple, le respect des pics d'attention et de fatigue dans l'organisation des emplois du temps et la répartition des jours de congé ont tout simplement disparu des médias comme des discours d'experts sur l'éducation[1]. Par ailleurs, les changements de répartition des jours de congé récemment adoptés entérinent l'idée que le temps scolaire doit correspondre au temps de travail des adultes : samedi matin chômé, semaine de quatre jours. Ces décisions contredisent les connaissances dont on faisait grand cas, il y a peu, sur les rythmes biologiques ; elles ne tiennent pas compte de

1. Notre intention n'est pas de prendre position sur la pertinence de ces suggestions, mais simplement de noter la disparition d'un discours pourvu d'une grande légitimité scientifique de l'espace public, il y a peu de temps encore.

l'opinion d'un grand nombre d'enseignants, en particulier de l'enseignement primaire.

Un autre symptôme de cette régression de la qualité des débats sur l'éducation réside dans l'évolution rapide de l'école maternelle et les discussions qui l'entourent. On peut, tout d'abord, évoquer le projet, partiellement réalisé, d'accueillir les enfants de deux ans à l'école maternelle. L'idée de sa généralisation est loin de faire l'unanimité parmi les professionnels, et les opposants ne manquent pas d'arguments. L'argument le plus massif à l'appui de leurs réserves est que l'école n'est pas actuellement conçue pour l'accueil d'enfants qui réclament encore des soins. En particulier, leur intégration dans un groupe d'enfants assez nombreux et plus âgés est difficile. Il est en réalité surprenant que l'innovation ne fasse pas davantage débat, qu'elle soit en quelque sorte abandonnée à l'appréciation des spécialistes, et que l'argument utilitaire qui met en avant la résolution des problèmes de garde finisse par s'imposer. Les deux arguments qui, dans cette situation, paraissent détenir le plus de légitimité sont que, l'école étant favorable à l'éveil intellectuel, celui-ci doit avoir lieu le plus tôt possible, et que les bénéficiaires naturels de cet éveil précoce sont les enfants de milieux défavorisés. Un autre argument, moins mis en avant car plus trivial, est que l'école constitue un mode de garde gratuit. Les deux premiers arguments supposent une théorie du développement et du rôle de l'école qui n'est guère explicitée, ce qui n'empêche pas l'idée de faire son chemin et d'être socialement acceptée.

Ces évolutions sont d'autant plus inquiétantes que la pédagogie propre à l'école maternelle disparaît sous nos yeux. Depuis sa création, sous l'influence notamment des idées de Pestalozzi, cette école faisait place au jeu, à l'image, à la motricité, et son organisation spatiale et matérielle différait de la salle de classe élémentaire. Aujourd'hui, en l'absence de formation adaptée et d'un corps d'inspection spécialisé, la spécificité de la maternelle s'efface au profit d'un alignement sur l'école primaire. Des classes de maternelle sans jouets, sans organisation de l'espace apparaissent, où l'on pratique sur des bureaux des exercices intensifs d'écriture. L'incohérence qui consiste à vouloir entasser des enfants de deux ans dans de telles structures saute aux yeux, mais qui s'en émeut ? La demande sociale d'une accélération des performances a vite raison des quelques professeurs d'école résistants qui tentent de sauver quelque chose de leur savoir-faire.

Les mentalités semblent donc imprégnées d'un certain nombre de fausses évidences : le caractère parallèle de l'emploi du temps de l'enfant et de celui des adultes n'est pas un obstacle à l'éducation, la fatigue doit être surmontée par l'enfant comme par l'adulte, l'école est le lieu naturel de l'enfant quel que soit son âge. Un préjugé encore plus dangereux, et nouveau, semble être qu'il peut être soumis au travail scolaire de façon très précoce.

L'accueil, par qui, pour quoi ?

Autrefois, arriver en retard à l'école était un accident redouté et blâmé. À présent, l'arrivée en avance constitue un problème inédit. C'est pourquoi, bien avant l'heure du début des cours, l'enfant trouve des animateurs municipaux qui le prennent en charge jusqu'au début de l'enseignement. De toute façon, depuis 1983, les locaux scolaires ne sont plus réservés exclusivement à l'enseignement, ils sont considérés aussi comme lieux d'accueil pour la garde ou les loisirs. Cette mesure prenait acte d'une demande sociale de prise en charge de l'enfant indépendamment de la scolarisation. Le résultat en est de banaliser l'usage des locaux scolaires, d'effacer les anciens seuils symboliques que représentaient l'arrivée et la sortie de l'école, de même que la rentrée scolaire et le début des vacances. Cette évolution engendre une confusion entre les notions d'enseignement, de service rendu aux familles, et de travail social. Cette dernière branche d'activité, qui a pris son essor après 1945, notamment avec l'émergence du métier d'éducateur, a aujourd'hui subrepticement tendance à remplacer l'école dans le domaine de l'éducation. Il serait réducteur de ne voir là que le résultat d'une querelle de territoire ou le simple effet d'une attitude démissionnaire des parents. Il importe d'abord de prendre la mesure de cette évolution et de ses suites, au vu d'habitudes nouvelles dont la portée est sous-estimée.

Sans aucune malveillance ni mise en doute des compétences des personnels d'animation, on doit attirer l'attention sur la difficulté de leur tâche, que beaucoup avouent volontiers : ils « comblent » le vide laissé par le décalage entre accueil et enseignement. Même s'ils sont organisés au mieux, ces animateurs, dans le cadre scolaire mais hors de l'enseignement, disposent de peu de recours pour occuper les enfants. Le mot « occuper », qu'il faut bien employer, est révélateur d'un aspect essentiel de la vie quotidienne des enfants aujourd'hui : elle consiste en attentes, parenthèses, temps de présence à la finalité indéterminée. Les professeurs, conscients de cela, parlent d'activités « occupationnelles » et « papier-crayon », autrement dit, des activités restreintes et peu exigeantes en termes de préparation et d'investissement : coloriage, jeux logiques, graphisme, dessin libre. Inoffensives, et même si elles sont distrayantes et agréables en elles-mêmes, ces activités ont deux inconvénients : elles se présentent comme une obligation sans évaluation, et elles épuisent un certain nombre de désirs et de ressources imaginaires avant l'école. Sans compter la conscience confuse qu'ont les enfants d'être là sans raison, parce qu'ils ne sont guère sollicités. Quand la classe commence, à 8 h 30 ou 9 heures, les enfants ne sont quelquefois plus disponibles, déjà fatigués par ces exercices, disent fréquemment les professeurs d'école.

L'usage de ce temps avant et après l'école pose un problème plus général : les personnels d'animation, de surveillance d'accompagnement scolaire, ont un rôle de plus en plus important, que l'on considère aussi bien le temps pendant lequel les enfants leur sont confiés, que l'action éducative qui est attendue d'eux. Cette attente est largement implicite, nulle doctrine cohérente ne régit leur action, ni ne permet leur coordination. Il est d'ailleurs bien difficile d'énumérer exhaustivement les fonctions qui gravitent autour de l'enfant, et de les définir. En plus de l'éducateur de jeunes enfants, et du professeur d'école, sans compter les dispositifs de garde, on trouve l'animateur municipal, l'animateur de centre de loisirs, l'animateur de quartier, l'assistant d'éducation, l'éducateur sportif... Il ne s'agit pas de dénier la spécificité de ces fonctions mais simplement d'attirer l'attention sur leur multiplication, et le manque de vision d'ensemble qui préside aux interventions de ces professions. Tout se passe comme si, à partir du moment où les jeunes sont en présence d'un adulte, des garanties éducatives existaient *de facto,* comme si le temps de l'enfant *devait* être intégralement dévolu à des activités encadrées, mais sans que cette injonction soit interrogée.

Un malaise commence d'ailleurs à s'exprimer chez ces intervenants, en particulier chez les animateurs, comme le montrent par exemple les recherches de Francis Lebon[1]. À travers l'histoire des patronages et des centres de loisirs, officiellement créés en 1970, on y voit comment, en dépit des transformations de la société, ces institutions sont restées marquées par une représentation datée des loisirs, et comment les animateurs sont formés à contre-courant des exigences éducatives contemporaines. Le BAFA, Brevet d'aptitude à la fonction d'animateur, sésame de l'animation, est assuré par des associations habilitées, donc payant. Il assure la majorité des qualifications à côté des diplômes professionnels du travail social (DUT, DEFA...). Cette formation, de moins en moins théorique, de plus en plus identifiée à des stages, transmet sur un mode plutôt empirique un idéal d'activité de loisirs collectifs, une représentation de la nature enfantine reposant sur les notions de curiosité, de jeu, de mouvement, sur les méthodes actives. Le plein air, le loisir éducatif, l'implication personnelle, l'autonomie, la connaissance des autres, le respect des faibles, sont des notions et valeurs issues du mouvement de l'Éducation nouvelle, que les Centres d'entraînement aux méthodes d'éducation active (CEMEA) ont diffusées pendant la période d'après-guerre, dans un contexte où le mauvais état sanitaire des populations rendait prioritaires l'hygiène, la santé, le sport.

Cependant, si elles ne sont pas étayées par la réflexivité et constituent simplement l'arrière-plan d'attitudes transmises de manière empirique, on aboutit à un fort

1. Francis Lebon est sociologue et coordinateur municipal de centres de loisirs. Il a écrit *Une politique de l'enfance. Du patronage au centre de loisirs*, Paris, L'Harmattan, 2005.

décalage entre les enfants et les jeunes réels, alors que l'incivilité ou l'hyperactivité, par exemple, imposent des défis nouveaux, et une culture de l'animation qui ne peut faire face ni aux transformations de la jeunesse ni à la charge quantitative qui lui est confiée. L'optimisme envers l'enfant qui caractérise cette culture peut conduire à une forme d'inadéquation, alors que la place des animateurs d'aujourd'hui n'est plus celle des moniteurs d'alors. Face à une importante croissance des heures passées dans les structures périscolaires, et à la montée en puissance du besoin d'éducation, l'animation apparaît comme une nébuleuse professionnelle dont le rôle n'est pas assez reconnu, où la formation est insuffisante ou insuffisamment renouvelée, qui demeure pensée comme un appoint alors que, dans les faits, la charge qui lui incombe est de plus en plus lourde. Son enjeu, de plus en plus important, est d'assumer la plus grande part de l'éducation.

Les demandes légitimes des familles qui ne parviennent pas à assurer la garde de leurs enfants, comme le souci des pouvoirs publics de ne pas voir se développer l'errance des adolescents convergent pour exiger toujours plus de travail social, sans que la place soit ménagée pour une réflexion de fond sur la nature et les objectifs de ce type d'intervention.

Vie scolaire, éducation et instruction

Ces considérations sur les personnels à vocation éducative nous ramènent à l'emploi du temps et aux heures passées dans les lieux scolaires. Ce début de journée peu favorable aux apprentissages sans l'être pour autant aux activités de loisir, se déroule parfois dans un contexte aggravant au sein des établissements scolaires. Il n'est plus possible d'ignorer que la « vie scolaire », et c'est encore davantage le cas au collège qu'à l'école primaire, est souvent lourde de tensions. Il y en a certes toujours eu, mais aujourd'hui, en beaucoup d'endroits, la civilité et la sécurité ne sont plus considérées comme des préalables, fussent-ils de façade, à l'apprentissage, puisqu'ils constituent justement ce qu'il s'agit d'obtenir par la présence à l'école[1]. Là encore, un sentiment des enseignants bien souvent exprimé est la lassitude, la fatigue due à la prééminence de la « discipline » sur l'enseignement. Obtenir un minimum d'ordre et de silence pour entamer ou terminer une activité, pour, simplement, pouvoir communiquer est une opération longue et coûteuse en énergie. Devant cette situation, il ne faut pas abuser de l'explication au moyen de la « crise de l'autorité ». En effet, cette notion, hâtivement invoquée, est susceptible de masquer le problème dans sa forme la plus simple, à savoir la reconnaissance du caractère physiquement et nerveusement insupportable de certains comportements habituels, d'un niveau de bruit, d'un style de relations. De tout cela la crise de l'autorité n'est peut-être pas l'unique cause. En tout cas, au niveau de l'expérience quotidienne, se pose le problème de la « vie » de l'établissement, au sens de présence dans un lieu donné. Les conditions de la « vie scolaire », pour reprendre le terme officiellement utilisé pour désigner ce qui ne relève pas de l'enseignement proprement dit, constituent sans doute l'une des entraves les plus redoutables à l'apprentissage, une entrave qui demeure

1. On peut lire sur ce point Judith Lazar, *La Violence des jeunes*, Paris, Flammarion, 2002.

ignorée sur le plan théorique, en dehors de quelques généralités sur le « travail d'équipe », ou l'« effet établissement » censés, pour les sociologues, pouvoir remédier à cette situation. Le fait que quelquefois on parvienne à améliorer la vie scolaire par une meilleure coordination des personnels ne doit pas cacher le caractère massif, envahissant, de ces nouveaux comportements, et cela, également en dehors des établissements.

Ce sentiment est à l'origine du rejet violent, chez certains enseignants, de la dimension de l'éducation, au bénéfice de l'instruction. Si la distinction entre éducation et instruction est un vrai problème philosophique, auquel les plans d'instruction révolutionnaires avaient donné un développement justifié, c'est à tort qu'il apparaît aujourd'hui comme un enjeu dans les débats éducatifs. En effet, dans le principe, cette opposition a été transformée par la philosophie républicaine de l'école, dont les racines sont d'ailleurs plus anciennes, en une complémentarité : une éducation réussie ne peut se concevoir sans apport de connaissances. Inversement, la légitimité des connaissances, tant que l'on ne se trouve pas dans un domaine d'études spécialisées, vient de leur capacité à éduquer, à former la personnalité, à favoriser l'autonomie de l'élève. Il n'est donc pas pertinent d'opposer les deux dimensions à l'intérieur d'une institution orientée vers l'émancipation, et non vers le contrôle des esprits.

Si, aujourd'hui, le thème de l'instruction contre l'éducation jouit d'un nouveau prestige, c'est à cause du sentiment de ne faire que de l'éducation, c'est-à-dire, en fait, de la discipline. Et encore faudrait-il préciser qu'il s'agit plus de dressage que d'éducation, de ce que Kant nommait la partie *négative* de l'éducation, celle qui empêche d'agir, qui ne vise qu'à obtenir l'ordre et le calme. En toute rigueur, il faudrait cesser de désigner par le vocable « éducation » un combat contre les élèves qui ne vise que le maintien au jour le jour de la situation scolaire. Alors, il serait possible d'évoquer de nouveau la complémentarité et même l'identité de l'instruction et de l'éducation. La détérioration de la relation pédagogique n'est que l'un des aspects d'une dégradation de la qualité de vie au quotidien dans les établissements scolaires.

L'ambiance défavorable à la concentration peut se redoubler d'une dégradation des rapports entre les élèves eux-mêmes, ce qui est sensible en particulier au collège. Le mérite de travaux sociologiques comme ceux de Dominique Pasquier est d'avoir montré que des formes nouvelles de contrainte pèsent sur les jeunes, comme la « tyrannie de la majorité »[1] : là où elle s'exerce, pas question pour un élève de parler à un professeur ou de faire mine d'améliorer ses résultats. La prise de pouvoir de certains sur leurs camarades, la pression sociale du groupe, peuvent directement empêcher le travail ou représenter une menace sourde, souvent à l'insu des adultes. L'enjeu de la présence à l'école se déplace alors vers la gestion des risques.

Ce problème de la violence interne aux relations entre jeunes se pose, comme nous l'avons indiqué plus haut, également à l'extérieur des établissements, ou à l'intersection de l'école et de la rue ; elle échappe alors facilement à l'attention des éducateurs, au moment où elle attire celle de la police. Dans notre tentative de phénoménologie de la vie quotidienne, il est important de souligner que, contrairement à ce qu'ont prétendu les sociologues de la

1. Dominique Pasquier, *Cultures lycéennes. La tyrannie de la majorité*, Paris, Autrement, 2005.

reproduction – il y a déjà longtemps, il est vrai –, l'école n'est pas tant un lieu de production de la violence qu'une possibilité provisoire de la mettre entre parenthèses. Le problème qui demeure est que la suspension provisoire des tensions dans le lieu scolaire cède la place, aux abords immédiats des établissements, à l'expression exacerbée de ces tensions.

Au total, la prise en charge collective des enfants se révèle déréalisante. L'école et les dispositifs périscolaires monopolisent quasiment la vie de l'enfant dans une succession d'occupations indéterminées. En fin de compte, ce réseau d'activités ne privilégie vraiment ni les loisirs ni les apprentissages, de même que les institutions ne constituent pas vraiment un monde enfantin, mais instituent une rupture intergénérationnelle qui relègue les enfants à la périphérie des relations sociales. C'est ainsi que l'hyperinvestissement dans la prise en charge éducative et périscolaire se trouve dévoyé, et coopère dans une certaine mesure à l'échec de l'éducation.

Médias et vie privée

À l'issue de la journée, qu'il faut imaginer continue, puisque plus personne ne rentre chez soi pour déjeuner, les enfants connaissent une nouvelle phase de garderie avant de retrouver un foyer que les parents, ou les adultes qui composent le foyer, n'ont peut-être pas encore regagné. Selon que les parents veulent rattraper le temps perdu ou respecter les rythmes souhaités par les enseignants, un temps plus ou moins considérable est généralement dévolu aux médias, perçus comme dispensateurs d'un repos mérité. Là encore, on peut observer des évolutions récentes dans le rapport des jeunes aux médias et à la télévision en particulier, ainsi que dans la manière dont cette offre de loisir conquiert sa légitimité sociale : de plus en plus, les médias audiovisuels s'affichent comme des facteurs d'éducation. La polémique récente relative à la mise en place d'une « télévision pour bébés » l'a mis en lumière : les médias ne revendiquent pas seulement d'instruire, mais encore d'avoir le pouvoir de socialiser et de stimuler intellectuellement les enfants. La télévision, si l'on suit cette argumentation, serait un appoint et une aide aux parents pour faire de leur enfant un individu armé pour la compétition scolaire et sociale, en même temps qu'un bon citoyen. L'école ne serait donc pas en concurrence avec les médias, mais dans un rapport d'harmonie préétablie avec eux, la télévision s'adressant aux jeunes tels qu'ils sont, parlant de leurs « vrais » problèmes, sachant concilier le plaisir et l'utilité.

Même si la réalité des propositions télévisuelles est tout autre, la capacité des médias à aller au-devant de certaines carences éducatives fait une partie de leur force et de leur légitimité. Ce constat ne doit pas empêcher une analyse sans complaisance de la culture qu'ils dispensent. L'exposition à la violence, les produits à coûts réduits de mauvaise qualité esthétique, la pseudo-éducation sexuelle et affective, les informations erronées ou inadéquates concernant les institutions et la vie politique constituent autant de travers manifestes de cette culture. Plus insidieusement, comme l'ont montré George Gerbner aux États-Unis ou Serge Tisseron en France, elle entretient une culpabilité et une angoisse diffuses, propres, en particulier, à favoriser la réceptivité aux messages publicitaires, et un sentiment d'impuissance en tout domaine, principalement dans le domaine politique[1].

Si chez les adolescents et les enfants, la durée moyenne du temps consacré à la télévision diminue au profit des jeux vidéo, les problèmes peuvent changer de forme sans changer fondamentalement de nature. La séduction des médias tient là encore aux réponses qu'ils donnent à de vrais besoins. Ainsi, la sociologue italienne Marina d'Amato a montré que de nouvelles générations de jeux proposaient des choix d'identification à des personnages fictifs, sur le mode du jeu de rôle. Ces modèles qui, certes, participent de la construction des identités subjectives, relaient des tendances de la culture de masse, sans pratiquer de choix proprement éducatifs. Relativement à la construction des identifications sexuées, par exemple, les jeux vidéo proposent activement des modèles plutôt régressifs qui vont dans le sens d'une virilité caricaturale et d'une dévalorisation du deuxième sexe[2].

D'une certaine manière, on a, là encore, une promesse d'éducation en décalage par rapport au contenu effectif de la prise en charge. La régression de l'activité réelle va de pair avec l'amplification d'un discours dévoyé qui vante l'autonomie et l'initiative, emprunté lointainement aux méthodes actives. La part prise effectivement par les médias dans l'éducation, qui produit des résultats au

1. George Gerbner *et al.*, *Invisible Crisis. What Conglomerate Control of Media Means for America and the World*, Boulder. Westview Press, 1996 ; Serge Tisseron, *Enfants sous influence. Les écrans rendent-ils les enfants violents ?*, Paris, 10/18, 2003.

2. Marina d'Amato, « L'imaginaire proposé par les jeux vidéos », *Le Télémaque*, n° 32, 2007, p. 73-81. Dominique Pasquier avait abordé ce problème dans *La Culture des sentiments. L'expérience télévisuelle des adolescents*, Paris, Maison des sciences de l'homme, 1999.

rebours de leurs proclamations, est dissimulée par le simulacre d'une aide aux familles, apportée par des messages prétendument adaptés aux jeunes et à notre temps.

La vie familiale, ou les illusions d'un idéal impensé ?

Il faut s'interroger aussi sur les relations à l'intérieur du foyer, quand, enfin, adultes et enfant s'y trouvent réunis. Faut-il faire et refaire le procès d'une famille qu'on a pu dire « incertaine »[1] ? Il paraît plus éclairant, comme pour l'emploi du temps sur le lieu scolaire, de se demander quelles formes typiques prend la vie quotidienne dans le monde contemporain.

Cette opération suppose de se déprendre des alternatives proposées par la sociologie de la famille : pour certains, la famille est une institution en crise qui ne remplit plus sa fonction éducative ; pour d'autres, en réaction contre ce pessimisme, elle est le lieu d'une réinvention créative des rapports sociaux[2]. Loin de cette alternative, l'idée du retour d'un sentiment négatif envers l'enfance, avancée par Philippe Ariès s'avère d'une grande actualité. On oublie trop souvent, en effet, que son histoire du « sentiment » de l'enfance met en évidence une dualité et même une contradiction dans l'intérêt porté à l'enfance pendant la période moderne. Si l'affection en est un aspect positif, la pédagogie, le contrôle des comportements et l'enfermement dans les institutions scolaires en développement comportent, pour lui, un aspect négatif.

1. Louis Roussel, *La Famille incertaine, op. cit.*

2. *Ibid.* ; François de Singly, *Libres ensemble. L'individualisme dans la vie commune*, Nathan, Paris, 2000.

Ils révèlent un désir de distance vis-à-vis de l'enfance, un rejet de son altérité.

Aujourd'hui, le sentiment envers l'enfant ne relève peut-être pas tant du rejet que de l'indifférence. L'idéalisation de l'enfance, comme la tolérance triomphante envers les déviances et différences, n'empêchent pas l'altérité enfantine d'être vécue comme une gêne. Les jeux des enfants, leur demande affective peuvent également représenter un poids ou un souci. Aussi, psychologues et enseignants déplorent assez généralement que l'entourage, insuffisamment disponible, ne soit pas assez « à l'écoute » de l'enfant.

Il peut être aussi pertinent, en mettant de côté le réflexe « psy », de s'interroger sur ce que les adultes ont à dire, à communiquer à l'enfant. Et ce silence transcende bien souvent les hiérarchies sociales. Témoignage, modèle, prescription sont des notions qui n'ont plus bonne presse dans une vie privée dont on attend le bonheur, « un refuge dans un monde sans cœur », pour reprendre l'expression de Richard Sennett[1]. Tendanciellement, le foyer domestique devient un lieu de convergence pour la satisfaction des besoins d'individus dont les emplois du temps parallèles ne facilitent pas le partage, même si beaucoup tentent, au prix de sacrifices professionnels, de maintenir une certaine présence des adultes au foyer, ou une correspondance avec les horaires scolaires. Néanmoins, ce serait céder au préjugé que de rendre ce type d'emploi du temps responsable en lui-même des problèmes de l'éducation. En effet, pourquoi considérer *a priori* de nouveaux modes d'organisation de l'existence comme un problème ? D'abord, cette organisation est par-

1. Richard Sennett, *Les Tyrannies de l'intimité*, Paris, Le Seuil, 1979.

faitement compatible avec un bon niveau de vie en termes de santé, de loisirs, de confort. Malgré les difficultés de ce fonctionnement, il ménage aux enfants une vie incomparablement plus facile que celle de la majorité des enfants par le passé, dominée par l'ignorance de leurs besoins, l'impuissance face à la maladie, le travail précoce, la brutalité tolérée, les châtiments. C'est d'ailleurs la conscience de cette misère qui a conduit Talcott Parsons à s'opposer à Philippe Ariès : montrant à quel point le bonheur de l'enfance pouvait être méprisé dans les sociétés occidentales traditionnelles, il reprochait à Ariès de décrire de manière trop positive les mœurs de l'Ancien Régime. La famille moderne, considérée par ce dernier comme une invention récente, une alternative peut-être transitoire aux formes larges de groupement des ascendants et descendants, paraissait à Parsons une condition du progrès, la garantie d'une meilleure protection de l'enfance[1]. De la même façon, doit-on déplorer la relative absence de la famille, ou son manque de participation à la vie quotidienne que l'enfant mène à l'école et dans le monde périscolaire ? On pourrait tout aussi bien se féliciter de l'indépendance des nouvelles générations vis-à-vis des anciennes, puisque l'autonomie est un objectif hautement valorisé à tous les niveaux de l'enseignement comme dans la société. De plus, si la transmission familiale produit l'inégalité, et si l'éducation doit corriger cette inégalité, on ne peut, logiquement, que se féliciter de cette indépendance des sujets, qui les libère des pesanteurs de l'héritage.

1. Voir les analyses de Richard Sennett, *Families against the City. Middle Class Homes of Industrial Chicago, 1872-1890*, Cambridge, Harvard University Press, 1970.

Il ne s'agit pas, dans ces conditions, de s'abandonner à la nostalgie d'une famille idéale disparue, comme c'est implicitement le cas dans la déploration de l'irresponsabilité familiale. Ce n'est que dans nos rêves rétrospectifs que les parents auraient entouré l'enfant d'attention et d'égards, et que la tendresse familiale aurait compensé les exigences scolaires, dans une coopération tacite des institutions. Le problème est ailleurs et se pose autrement. Les faits nous disent, plus simplement, qu'une rupture est intervenue, au niveau de la vie quotidienne, entre enfants et adultes : les uns et les autres se côtoient, mais ne partagent pas la même vie. En particulier, les relations de proximité entre les enfants jeunes et le centre de la vie domestique que constituait la mère, ainsi que les relations des enfants entre eux, ont tendance à se défaire dans la vie quotidienne, indépendamment de l'attachement qu'ils éprouvent les uns pour les autres.

Il est difficile de mesurer ce qui a été gagné ou perdu à la faveur de ce processus ; on peut cependant esquisser des pistes pour définir ces liens, dont l'importance n'apparaît que lorsque leur absence laisse un vide. Quelle que soit la forme des relations entre adultes et enfants, on peut supposer qu'ils incarnent une norme, un modèle, à condition d'accorder à ces mots le sens de repère par rapport à ce qui est, plutôt que celui d'une indication de ce qui doit être. C'est en ce sens que le mot de « repère » est nécessaire à la place de celui de « modèle » : il est possible de s'y référer même en cas de révolte et de critique. Les adultes peuvent incarner, d'ailleurs, un modèle de transgression et d'indépendance, voire de marginalité. En ce sens, plus qu'une norme, ce sont des actes de jugement qui sont susceptibles d'être transmis à travers certains comportements ou discours. Un adulte, par son comportement, et non par ses intentions éducatives délibérées, peut avoir une fonction d'exemple et de modèle auprès de l'enfant dont l'attention est spontanément captée par les agissements de ses aînés. Précisons bien le sens des termes d'exemple et de modèle : ce ne sont pas forcément des modèles positifs à imiter et qui ont une valeur éducative, ce peuvent être aussi bien des comportements que l'enfant réprouve mais qui lui donnent néanmoins à voir des choix possibles dans le comportement et la conduite de la vie. Les identités de « genre » sont un cas particulier mais central de ces normes. Dans ce domaine plus que dans d'autres, où des signes arbitraires assurent l'identité sexuelle, les fluctuations de ces signes et les réactions contre les générations antérieures sont fréquentes. Les modèles rejetés n'en jouent pas moins leur rôle dans ce processus. Aujourd'hui, les observateurs de l'adolescence relèvent aussi bien une difficulté dans la construction des genres que la dégradation du rapport entre les sexes, comme si, faute d'une circulation suffisante des signes et d'une affectation de valeur positive ou négative à ceux-ci, les genres se trouvaient réduits à leur irrévocable différence biologique avec, à la clé, instrumentalisation du corps et violence potentielle.

Ce défaut de circulation peut se trouver aussi au niveau du langage. Un langage et des mots se transmettent dans un sens forcément « descendant », de ceux qui les maîtrisent à ceux qui les apprennent ; la question de savoir si le langage est châtié ou non, bourgeois ou populaire n'a guère d'importance à côté de la maîtrise profonde de la langue, niveau où se situent aujourd'hui la majorité des difficultés scolaires. Les sociolinguistes comme William Labov ont bien montré qu'un niveau d'expression familier était compatible avec la logique, l'humour, la distance par rapport à la situation, en dépit des difficultés scolaires et sociales engendrées par l'absence d'un autre registre de discours. Mais aujourd'hui, il semble que le problème ne tienne plus tant à la forme et au style de la communication verbale, qu'au rapport au langage lui-même, défaillant dans des proportions jamais observées. L'hypothèse peut être faite que, là encore, l'absence du modèle informel adulte abandonne l'enfant à la communication entre pairs, sans lui donner l'occasion d'entrer dans un rapport spontané d'interlocution avec les générations antérieures. La difficulté de remédier aux carences langagières par la pédagogie devrait jouer comme un rappel de l'importance de cette communication informelle ; elle constitue un préalable à l'apprentissage scolaire de la langue[1].

Enfin, le monde adulte représente pour l'enfant les limites de sa puissance, de sa toute-puissance imaginaire, de sa violence sans limite d'avant la reconnaissance de l'autre et l'existence de la loi. Le sujet accaparé par sa dérive violente, prisonnier de lui-même parce qu'il ne peut trouver place dans les relations sociales, nécessite suivi particulier et prise en charge thérapeutique. Mais avant cela, ne peut-on supposer qu'une carence des échanges spontanés l'a, entre autres causes, privé de la rencontre des limites représentées par le désir et le pou-

1. Les recherches de Jean-Claude Quentel apportent beaucoup de lumière sur les enjeux de la communication entre enfant et adulte dans l'apprentissage du langage : « Pour être humain, il ne suffit pas de disposer de cette capacité de langage qui nous fait *locuteur*; il faut encore la mettre en œuvre dans des relations et s'instituer *interlocuteur* » : Jean-Claude Quentel et Attie Duval, « L'autonomie de l'éthique », *Le Débat*, n° 140, mai-août 2006, p. 112.

voir des autres, en priorité des adultes ? Le travail est un bon exemple des interactions qui permettent d'incorporer le sens des limites. Si le travail des enfants doit être interdit à cause des abus auquel il ne manque pas d'aboutir, il convient quand même de mesurer ce qu'apporte à l'enfant l'observation du savoir-faire d'adultes et éventuellement l'imitation ou la participation à l'action[1]. Tant le respect des exigences et des interdits dans ce contexte, que les contraintes objectives de ce type d'expérience imposent en dehors de toute inculcation morale une place parmi les autres et des rapports normés à autrui et à soi-même.

Ces différents canaux de transmission jouent un rôle crucial dans la constitution d'une sorte de socle éducatif. L'effritement de celui-ci, que ce soit sur le plan comportemental langagier ou symbolique, commence peut-être à devenir intelligible lorsqu'on le rapporte à la distance qui s'est creusée entre les enfants et les parents et, plus largement, les adultes.

L'expression d'« enfant-roi » est souvent utilisée par les détracteurs de l'école ou les chantres de la restauration de l'autorité pour dénoncer la perte des repères moraux, la démission parentale, la sacralisation des désirs de l'enfant auxquels nous assisterions aujourd'hui. Comme l'a montré Simone Korff Sausse, dans un livre au titre éloquent, *Plaidoyer pour l'enfant-roi*[2], si l'enfant fait bel et bien l'objet d'un discours extrêmement positif célébrant

1. C'est ainsi qu'un sociologue comme Jens Qvortrup peut opérer une sorte de réhabilitation du travail de l'enfant dans les pays en voie de développement, en soulignant notamment sa valeur formatrice, en dehors toutefois des situations d'exploitation.

2. Simone Korff Sausse, *Plaidoyer pour l'enfant-roi*, Paris, Hachette, 2006. (Voir notamment sa conclusion.)

son autonomie, son bonheur, ses loisirs, son épanouissement, l'expression est cependant trompeuse. Elle cache une face plus sombre, qui justifie un « plaidoyer » en faveur de ce prétendu « roi », qui en est beaucoup moins un qu'il n'en a l'air. L'idéalisation de l'enfant relève davantage d'une projection des adultes, associée à une forte ambivalence vis-à-vis des enfants que d'une véritable valorisation. Certes, l'enfant est l'objet d'une attention soutenue des publicitaires en tant que consommateur, les parents n'hésitent pas à payer en argent et en temps de multiples activités sportives et culturelles. En même temps, ils n'écoutent pas les enfants, et Simone Korff Sausse suggère que ces derniers sont en fait mal accueillis, désavoués, voire même « otages d'un monde fou », selon une expression empruntée à Sandor Ferenczi. Ce désaveu résulte d'une situation complexe qu'il est vain de dénoncer en invoquant l'indifférence ou l'incapacité des parents. En réalité, beaucoup sont soumis à une forte contrainte sociale qui les pousse à rechercher une « bonne » éducation pour leurs enfants. Cela peut aller de l'imposition de cours de musique jusqu'à l'achat de matériel informatique en passant par l'installation du téléviseur dans la chambre. Quel que soit le niveau culturel ou la pertinence de ces choix, on peut y déceler une volonté de bien faire, l'action d'une sorte de surmoi éducatif. Mais ces investissements s'accompagnent souvent d'une méconnaissance des vrais besoins de l'enfant. Il faudrait pousser plus loin l'investigation pour les définir avec précision, mais il est possible de les subsumer sous un seul, qui est la nécessité pour l'enfant de faire société avec l'adulte, d'avoir une expérience qualitativement importante et des échanges développés, pour fonder ses propres progrès en amont de sa prise en charge par la pédagogie et le travail social. Au-delà de ce qui appauvrit l'expérience de l'enfant, du point de vue de son inscription dans le monde commun, c'est sans doute dans cet aveuglement que les difficultés actuelles de l'éducation ont leur racine la plus profonde.

Table

Troisième partie

Fin ou métamorphose de l'autorité ?

Quatrième partie

Une éducation sans société ?

L'expérience quotidienne de l'enfant

DANS LA MÊME COLLECTION

Marcel Gauchet, La Condition historique, *2003.*
Yves Michaud, L'Art à l'état gazeux, *2003.*
Paul Ricœur, Parcours de la reconnaissance, *2004.*
Jean Lacouture, La Rumeur d'Aquitaine, *2004.*
Nicolas Offenstadt, Le Chemin des Dames, *2004.*
Olivier Roy, La Laïcité face à l'islam, *2005.*
Alain Renaut et Alain Touraine, Un débat sur la laïcité, *2005.*
Marcela Iacub, Bêtes et victimes et autres chroniques de *Libération, 2005.*
Didier Epelbaum, Pas un mot, pas une ligne ? 1944-1994 : des camps de la mort au génocide rwandais, *2005.*
Henri Atlan et Roger-Pol Droit, Chemins qui mènent ailleurs, dialogues philosophiques, *2005.*
René Rémond, Quand l'État se mêle de l'Histoire, *2006.*
David E. Murphy, Ce que savait Staline, *traduit de l'anglais (États-Unis) par Jean-François Sené, 2006.*
Alain Finkielkraut (sous la direction de), Ce que peut la littérature, *2006.*
Ludivine Thiaw-Po-Une (sous la direction de), Questions d'éthique contemporaine, *2006.*
François Heisbourg, L'Épaisseur du monde, *2007.*
Alain Finkielkraut (sous la direction de), Qu'est-ce que la France ?, *2007.*
Luc Boltanski, Élisabeth Claverie, Nicolas Offenstadt, Stéphane Van Damme (sous la direction de), Affaires, scandales et grandes causes. De Socrate à Pinochet, *2007.*
Alain Finkielkraut (sous la direction de), La Querelle de l'école, *2007.*
Axel Kahn et Christian Godin, L'Homme, le Bien, le Mal, *2008.*
Philippe Oriol, L'Histoire de l'affaire Dreyfus, I, L'affaire du capitaine Dreyfus (1894-1897), *2008.*

Pour l'éditeur, le principe est d'utiliser des papiers composés de fibres naturelles, renouvelables, recyclables et fabriquées à partir de bois issus de forêts qui adoptent un système d'aménagement durable.
En outre, l'éditeur attend de ses fournisseurs de papier qu'ils s'inscrivent dans une démarche de certification environnementale reconnue.

Cet ouvrage a été composé
par IGS-CP à L'Isle-d'Espagnac (Charente)
et achevé d'imprimer en septembre 2008
dans les ateliers de ***Bussière***
à Saint-Amand-Montrond (Cher)
pour le compte des Éditions Stock
31, rue de Fleurus, 75006 Paris

Imprimé en France

Dépôt légal : octobre 2008
N° d'édition : 01 – N° d'impression : 082954/4
54-07-6179/3